# ऐ ज़िंदगी

पूजा सांवरिया



BookLeaf Publishing
India | USA | UK

BookLeaf Publishing द्वारा प्रस्तुति

वेब: www.bookleafpub.com
ईमेल: info@bookleafpub.com

ISBN: 9789369546794

प्रथम संस्करण 2025

# लेखक परिचय

इस पुस्तक की लेखिका पूजा गोयल एक सामान्य गृहिणी हैं, परन्तु उन्होंने इससे पहले समर्पण और आत्म सारांश नामक पुस्तकों को हम सभी के बीच प्रस्तुत किया है। इस पुस्तक की लेखिका कृष्ण भक्त हैं और उन्होंने यह पुस्तक भगवान कृष्ण को समर्पित की है, वह उत्तर प्रदेश के अलीगढ़ शहर की रहने वाली हैं और एक प्रतिष्ठित व्यवसायी परिवार से ताल्लुक रखती हैं। उनका उद्देश्य इस किताब से कोई पैसा कमाना नहीं है, वह अपने जीवन में उन बच्चों के लिए कुछ करना चाहती है, जो अपने माता-पिता को नहीं जानते हैं, जो शारीरिक रूप से असहाय हैं। आशा है कि आप सभी को यह पुस्तक उसी तरह पसंद आएगी जैसे आपने उनकी पहली पुस्तक की सराहना की थी।


**पूजा साँवरिया**

फोन न. 9719103780, 9720168806

मेल : sawariyaa.pooja@gmail.Com

पताः वैष्णो बाँकनेर अपार्ट्मन्ट, मैरिस रोड,

अलीगढ, उत्तर प्रदेश, 202001

# लेखक की कलम से

## सर्वप्रथम कृष्णा जी के चरणों में नमन!

इस पुस्तक की लेखिका पूजा गोयल है अन्य महिलाओं की तरह वो भी एक साधारण गृहणी है, वह अलीगढ़ जिले के लिए प्रतिष्ठित ऑटोमोबाइल्स ग्रुप जट्टारी ग्रुप से ताल्लुकात रखती हैं उनकी पहली पुस्तक समर्पण को आप सभी के द्वारा सराहा और स्वीकार किया गया,उसके बाद आत्म सारांश को उन्होंने लिखा जिसमें उन्होंने समाज के अनछुए तत्वों को लिखने की एक छोटी सी कोशिश की , सरहद, नैना बावरे, बलात्कार आत्मा पर एक प्रहार आदि विषयों के बारे में उन्होंने आत्म सारांश में लिखा जिसे पाठकों ने सराहा और बहुत स्नेह दिया, आप सभी से मिले मनोबल की वजह से उन्हें आगे और लिखने की प्रेरणा मिली और उन्होंने अपनी तीसरी पुस्तक "स्पर्श एक अहसास" को लिखा जिसमें उन्होंने मां का,पिता का ,हवा का एवं अन्य अलग-अलग स्पर्शों को अपनी पुस्तक में लिखा और उन्हें कविताओं के माध्यम से समझाने की कोशिश की कि स्पर्श एक अनुभूति है,एक अहसास है,जहां एक ओर प्रेम वात्सल्य ममता को दर्शाता है तो दूसरी ओर एक ऐसा स्पर्श है जो आजीवन आत्मा पर घाव दे जाता है अर्थात स्पर्श एक और दवा है तो दूसरी ओर पीड़ा है!

इस पुस्तक से लेखिका को लोगों का बहुत स्नेह मिला इसी श्रृंखला में अब "ऐ ज़िंदगी" को उन्होंने लिखा है, जिसमें जिन्होंने ज़िंदगी से जुड़े हुए अनेक तथ्यों को कविताओं का रूप दिया है तथा कविताओं के माध्यम से बताया ज़िंदगी एक सफर है अनजाना, इस अनजाने सफर पर सभी को चलना है और प्रतिदिन जीवन की चुनौतियों को पारकर फिर ज़िंदगी के एक नये सफर पर चलना है, किसी को नहीं पता कब ज़िंदगी में क्या होगा? बस चलते जाना है अतः मायूस ना होकर मुस्कुराते हुए इस सफर पर चलकर ज़िंदगी को हँसकर जियो!

**धन्यवाद**

**पूजा गोयल (साँवरिया)**

# अंतर्वस्तु

# डियर ज़िंदगी

डियर ज़िंदगी, तुम एक खूबसूरत सा ख्वाब हो
कभी बेपन्हा सुख और दुःख, तुम बेमिसाल हो
डियर ज़िंदगी, तुम एक खूबसूरत सा ख्वाब हो........

तुम धूप की चादर ओढ़े, संध्या में ढल जाती हो
कभी तुम खूबसूरत ख्बाब हो, तुम बेमिसाल हो
डियर ज़िंदगी, तुम एक खूबसूरत सा ख्वाब हो........

कभी तितली बनकर उड़ती हो, कभी मायूस हो जाती हो तुम
सतरंगी रंगों में रंगी तुम, तुम बेमिसाल हो
डियर ज़िंदगी, तुम एक खूबसूरत सा ख्वाब हो........

कभी अपनों से जुदा करती हो, तो कभी किसी अजनबी का साथ हो
भिन्न-भिन्न रंगो में रंगी तुम बेमिसाल हो
डियर ज़िंदगी, तुम एक खूबसूरत सा ख्वाब हो........

कभी बचपन की अल्हड़ तस्वीर दिखाती हो, कभी यौवन की खूबसूरती देख मुस्कुराती हो
फिर सांझ में ढल जाती हो, तुम बेमिसाल हो
डियर ज़िंदगी, तुम एक खूबसूरत सा ख्वाब हो........

कभी सर्दी, कभी गर्मी, कभी पतझड़, कभी वसंत, हर मौसम दिखाती हो
कभी फूलों की खुशबू फैलाती हो, तुम बेमिसाल हो
डियर ज़िंदगी, तुम एक खूबसूरत सा ख्वाब हो........

कभी बारिश की बूंदे बन आती हो, कभी सर्द हवाएं फैराती हो
कभी तूफानी मौसम बन जाती हो, तुम बेमिसाल हो
डियर ज़िंदगी, तुम एक खूबसूरत सा ख्वाब हो........

कभी किसी को जीवन देती हो, कभी किसी की मृत्यु का कारण बन जाती हो
तस्वीर से पुराने रंग मिटाकर नए रंग भरती हो, तुम बेमिसाल हो
डियर ज़िंदगी, तुम एक खूबसूरत सा ख्वाब हो.......

# मर्द भी थोड़े अजीब होते हैं

मर्द भी थोड़े अजीब होते हैं, थोड़े सिरफिरे, थोड़े क्यूट होते हैं
बाहर से सख्त, अंदर से नर्म होते हैं
मर्द भी थोड़े अजीब होते हैं ........

ज़िंदगी की धूप में तपकर थोड़े सांवले, पर सीरत में व्हाइट गोल्ड होते हैं
मर्द भी थोड़े अजीब होते हैं ........

कभी मांग का सिंदूर, कभी राखी की डोर तो कभी माता-पिता की आँखों का नूर होते हैं
मर्द भी थोड़े अजीब होते हैं ........

सबकी ख्वाइशों को पूरा करते पर अपने लिए थोड़े लापरवाह होते हैं
मर्द भी थोड़े अजीब होते हैं ........

रूठने पर मनाना आता नहीं पर एक कप चाय पर प्यार जताते हैं ये
मर्द भी थोड़े अजीब होते हैं ........

किसी से कुछ कहते नहीं पर सबकी हर वक्त फ़िक्र करते हैं
मर्द भी थोड़े अजीब होते हैं ........

हर तूफ़ान से टकराकर भी चट्टानों से भी ज़्यादा मज़बूत होते हैं
मर्द भी थोड़े अजीब होते हैं ........

बच्चों की सब इच्छाओं को पूरा करने के लिए अपनी इच्छाओं का त्याग करते हैं
मर्द भी थोड़े अजीब होते हैं .............
गम के मौसम में बारिश में भीगकर अपने आंसुओं को छुपाते हैं
मर्द भी थोड़े अजीब होते हैं .............

# बिंदास ज़िंदगी

चल पड़ी अपनी तो लाइफ है
थोड़ी सी सिरफिरी, थोड़ी बिंदास है
चल पड़ी अपनी तो लाइफ है................

थोड़े से फूल हैं, थोड़े कांटे भी हैं
फिर भी मस्त ज़िंदगी जीने के इरादे हैं
थोड़ी सी नटखट है थोड़ी क्यूट है
चल पड़ी अपनी तो लाइफ है................

अपनो का साथ है पर थोड़ी तकरार है
जीने में है मज़ा क्योंकि लाइफ बिंदास है
थोड़ा सा प्यार है थोड़ी तकरार है
चल पड़ी अपनी तो लाइफ है............

थोड़े से दुख हैं और थोड़े से सुख हैं
कुछ जीवन के खट्टे-मीठे अनुभव भी हैं
थोड़ी सी हंसी है थोड़े से गम हैं
चल पड़ी अपनी तो लाइफ है............

प्रियतम का साथ है मीठा सा अहसास है
थोड़ी सी नौकझोक जन्मों का साथ है
चल पड़ी अपनी तो लाइफ है............

बाइक है कार है, छोटा सा घर संसार है
थोड़ी सी मौज है थोड़ी सी मस्ती है
जीने में है मज़ा क्योंकि लाइफ बिंदास है
चल पड़ी अपनी तो लाइफ है............

# आवारा भंवरा

फूल-फूल पर बैठा भंवरा, कली-कली मुस्कुराए
क्यों तुम मेरे ईद-गिर्द घूमे, मेरी समझ ना आए
फूल-फूल पर बैठा भंवरा.........

तेरे नैनों का जो ये जादू है तेरी तरफ मुझे खींचे
इसलिए मैं दीवाना भंवरा पागल बन तेरे ईद गिर्द हूं घूमे,
फूल-फूल पर बैठा भंवरा.........

गौरी तेरे गालों की जो ये लाली है मेरा चैन चुराएं
इसलिए सुध बुध खो कर के मैं दीवाना भंवरा तेरे ईद-गिर्द हूं घूमे,
फूल-फूल पर बैठा भंवरा.........

तेरे चांद से रोशन चेहरे को देखकर मैं मर मिट जाऊं
इसलिए चैन मैं मन का खोकर के तेरे पीछे-पीछे आऊं
फूल-फूल पर बैठा भंवरा.........

तेरी ज़ुल्फ़ों की छांव में मैं अपना घरौंदा बसाऊं
तेरे संग मैं जीवन के सारे अरमान सजाऊं
इसलिए सुध बुध बिसराकर के तेरे पीछे-पीछे आऊं
फूल-फूल पर बैठा भंवरा.........

छम-छम करती हुई जब तू पनघट पर आएं
ठुमक-ठुमक कर नृत्य करत तू मेरे होश उड़ाए
इसलिए मैं दीवाना भंवरा  तेरे पीछे-पीछे आऊं
फूल-फूल पर बैठा भंवरा.........

तेरे कोमल तन की खुशबू जब मेरी सांसों में है महके
मेरा तन मन होश गवाएं, मेरे जीवन को महकाएं
इसलिए मैं दीवाना भंवरा पागल बन तेरे ईद गिर्द हूं घूमे,
फूल-फूल पर बैठा भंवरा.........

मैं भी तेरी प्रेम दीवानी तेरे ही प्रेम गीत गाऊं
जब तू मेरा रस पान करत हैं, मैं तुझमें ही खो जाऊं
फूल-फूल पर बैठा भंवरा.........

# फिर नारी चरित्रहीन क्यों?

सदियों से ही पुरुष प्रधान समाज रहा है और नारी को समाज में हमेशा से ही अनेकानेक परेशानियों का सामना करना पड़ा है एक जननी, शक्ति जीवन का आधार होते हुए भी हमेशा से नारी अबला रही है, प्राचीन काल से ही नारी पुरुषों की दरिंदगी का शिकार रही है, उसके देह को सैकड़ों जख्म दिए हैं फिर भी उस ही को, कामुक, बदचलन चरित्र हीन आदि नाम दिए हैं और हमेशा से घृणित दृष्टि से देखा गया है जबकि ये सब करने वाला पुरुष ही है जिसने नारी को उपभोग की वस्तु माना है फिर आज तक भी पुरुष पर उंगली क्यों नहीं उठी है......

जलजला उठता है मन में, दिल में एक सवाल है
हिल जाता है वजूद मेरा ये सोचकर, स्त्री ही चरित्रहीन है क्यों???
जलजला उठता है मन में...........

बरसो सदियों से ही पुरषों ने उपभोग किया है नारी का
वासना की हर सीमा को उसने है पार किया
कभी सभा में नर्तकी, तो कभी दर्जा दिया वैश्या का
समझकर जागीर अपनी हर पल शोषण किया उसका
ढाए सैकड़ों जुर्म उन पर, फिर भी चरित्रहीन नारी ही क्यों?
जलजला उठता है मन में...........

सरेबाजार नारी को बेआबरू किया है पुरुषों ने
अपनी ही हवस में उसकी आत्मा तक का हनन किया
रोती रही बिलबिलाती रही वो, और रूह तक को है नग्न किया
ढाए सैकड़ों जुर्म उन पर, फिर भी चरित्रहीन नारी ही क्यों
जलजला उठता है मन में...........

फूलों सा उनको है रौदा मसला, कांटों से घा यल किया
गुमनामियों की दुनिया में उनको ले जाकर, आत्मा तक को लहुलुहान किया
बोली लगाई है नारी के तन की, बलात्कार किया है उसके तन-मन का
ढाए सैकड़ों जुर्म उन पर, फिर भी चरित्रहीन नारी ही क्यों?
जलजला उठता है मन में...........

सर्पों के आलिंगन में मौन है वो, कांटों की शैय्या पर सोती वो
सूरज की गर्मी में वो तपती है, रेत सी बहती जाती वो
हर रात अमावस्या है उसका, अंधेरी दुनिया है उसकी
ना शब्द से जला दी जाती हैं चेहरे पर से पहचान उसकी
ये सब करने वाला है पुरुष, फिर भी  चरित्रहीन नारी ही है क्यों???
जलजला उठता है मन में, दिल में एक सवाल है......

# जीवन साथी

तेरी चौखट पर बारात लेकर आऊंगा
दूल्हा बनकरके अपनी दुल्हन ले जाऊंगा
तेरी चौखट पर...........

ढोल नगाड़े होंगे, तारों की रात होगी
सब झूमेंगे, गायेंगे, सखियों संग बात होगी
सजनी के संग आंखों से आंखें चार होंगी
तेरी चौखट पर बारात लेकर आऊंगा..............

चांद की चुंदड़ी ओढ़े तू दुल्हन बन आयेगी
शर्माती इठलाती तू वरमाला पहनायेगी
हाथों में हाथ होगा, जन्मों का साथ होगा
तेरी चौखट पर बारात लेकर आऊंगा..............

तुझसे ही प्रीत है मेरी, तुझसे ही रीत है मेरी
सातों वचन संग तेरे निभाऊंगा
जन्मों के लिए तेरा हो जाऊंगा
तेरी चौखट पर बारात लेकर आऊंगा..............

तेरे सारे सुख-दुख मेरे होंगे,
तेरा हर नखरा मैं उठाऊंगा
तेरा ही बनकर रह जाऊंगा
तेरी चौखट पर बारात लेकर आऊंगा..............

# बारिश की बूंदे

बारिश की बूंदे, ये चंचल सी हवा
छूकर मेरे तन को तू जाती है कहां

रिमझिम-रिमझिम बारिश में तेरा जो अहसास है
हमको तुमसे प्यार है, ओ मेरे साथिया
बारिश की बूंदे, ये चंचल सी हवा ..................

बरखा जो छू दे,मेरे तन को
दिल में अजब ही हलचल होने लगे है साथिया
बारिश की बूंदे, ये चंचल सी हवा ..................

हवा का झोका मेरे आंचल को लहराएं
तेरे प्रेम की तस्वीरें मेरे दिल विच छा जाएं
होले से मेरे दिल में,प्रेम का दीप जला जाएं
बारिश की बूंदे, ये चंचल सी हवा .............

ये जादू है मौसम का दीवाना कर जाए
सपनों की दुनिया में मुझको  साथ ले जाए
बारिश की बूंदे, ये चंचल सी हवा .............

# प्रथम पूजनीय देवता कौन?

हमारे हिंदू धर्म में सदैव ही गजानन श्री गणेश प्रथम पूजनीय रहे हैं.. आपके मन मस्तिष्क में ये प्रश्न भी आया ही होगा कि हमेशा किसी भी शुभ कार्य से पहले भगवान गणेश ही की पूजा क्यों करते है?

तो चलिए वेदांतरस के माध्यम से जानते हैं इसके पीछे की वजह..

प्रथम पूजनीय देव कौन है? यही चर्चा सभा में थी
सब चाहते थे स्थान प्रथम, पर कौन श्रेष्ठ कैसे सिद्ध हो
चर्चाओं के बीच कौन श्रेष्ठ है, जब ना निर्णय हो पाया था
तब सब खुद को प्रथम पूजनीय साबित करने पहुंचे ब्रह्मा जी के पास
प्रश्न कठिन था, नहीं मिल रहा था कोई भी समाधान
एक युक्ति सूझी ब्रम्हा जी को, कहा उन्होंने
जो सबसे पहले अपने वाहन से पृथ्वी का चक्कर लगायेगा
वही प्रथम पूजनीय देव कहलायेगा
शीघ्र ही सब देवता निकल गए अपने वाहन पर हो सवार
पर गणेश बहुत ही चिंतामगन हो बैठे सिर पर रखकर हाथ
सोचा मूषक मेरा वाहन है, कैसे मैं पहुँचूं सबसे पहले
कैसे मैं प्रथम पूजनीय विघ्न विनाशक देव कहलाऊं
तभी नारद मुनि आए गणेश के पास
मुनि मुस्कुराएं और बोले वत्स
सब जानत है माता पृथ्वी, पिता परमात्मा इस संसार में
बस फ़िर क्या बिना सोचे गणेश जी पहुंचे कैलाश पर्वत
खींच कर मां का हाथ बैठाया शिवजी के पास
सात परिक्रमा शिव गौरी की कर डाली गणेश ने
कहा मेरा तो संसार तुम्हीं हो, मेरे खैवनहार

मिला सैकड़ों आशीर्वाद गौरी और शिव से उनको
जीते प्रतियोगिता गणेश जी
मिला ओहदा उनको प्रथम पूजनीय इस जग में........

अतः मां-पिता का स्थान इस जग में सबसे ऊपर है, माता-पिता की सेवा करने से जीवन के सभी कष्ट दूर हो जाते हैं और जीवन में यश और वैभव प्राप्त होता है

**ऊँ गं गणपति नमः**

# मां

तन से तन में प्राण भरे, सांसों से सांसों का जन्म हुआ
नारी को मातृत्व सुख से, परमानंद प्राप्त हुआ
तन से तन में प्राण भरे.........

कैसी ये रचना है तेरी, एक अंश में तूने प्राण भरे
नारी को ये सौभाग्य मिला, एक जीव को उसने जन्म दिया
जननी बनकर के उसने, ईश्वर का रूप लिया
तन से तन में प्राण भरे.........

एक सांस को तन में पाला है, सब अपना न्योछावर कर डाला है
तन के कष्टों को सहकर के अपना सर्वत्र लुटाया है
प्रेम, ममता का रूप है वो, जिसने अपने आंचल में छुपाया है- 2
तन से तन में प्राण भरे........

हर तुफानों से भिड़कर के अपने आंचल में सुलाया है
दूध की हर धार से उसने अमृत पान कराया है
ना थमी किसी तूफ़ान से, ना रुकी बारिश की बूंदों से
हर डर को डराकर के उसने अपने बच्चों को बचाया है
ढाल बनी, शिव शक्ति वो जिसने अपना सर्वत्र लुटाया है
तन से तन में प्राण भरे........

हर आसूं पोछा अपने आंचल से, दुःख में गले से लगाया है
छाया बनके साथ चली, सासों संग रिश्ता निभाया है
उस ईश्वर को शुक्रिया है जिसने मां का रूप बनाया है
प्राण भरे तन में उसने, और मां को शक्ति कवच बनाया है
तन से तन में प्राण भरे........

# ऐ ज़िंदगी

ज़िंदगी, मुझे तेरा ऐतबार नहीं रहा
दिए जो गम तूने, तेरा एतिमाद ना रहा
ज़िंदगी, मुझे तेरा ऐतबार नहीं रहा....................

दिए जो ज़ख़्म तूने, छुप-छुप कर रोते हैं हम
तेरी दी खुशियों का भी एतिमाद ना रहा
ज़िंदगी, मुझे तेरा ऐतबार नहीं रहा.............

नैनों में आसूं जब पीड़ा बनकर बहते हैं
सिसकी बनकर मन मेरा रोता है
अब तेरे लगाएं मरहम पर भी एतिमाद ना रहा
ज़िंदगी, मुझे तेरा ऐतबार नहीं रहा.............

जब-जब मीठी यादों की मुस्कान आती है
दिल मेरा डरता है कड़वी यादें सताती है
मीठी-मीठी यादों का भी एतिमाद ना रहा
ज़िंदगी, मुझे तेरा ऐतबार नहीं रहा.............

अब तो दर्पण भी मुझको डराता है
यौवन का रंग फीका सा पड़ जाता है
ज़िंदगी, मुझे तेरा ऐतबार नहीं रहा.............

# बंदगी बन गए हो तुम

बंदगी बन गए हो तुम, ज़िंदगी बन गए हो तुम
हसरतें है तुझी से, चाहते है तुझी से, सांसे भी तुझी से हैं
बंदगी बन गए हो तुम, ज़िंदगी बन गए हो तुम.......

मायने ज़िंदगी के बदलने लगे हैं, दीप चाहत के अब जलने लगे हैं
मेरी रूह में बसने लगे हो तुम, मेरा सुख, मेरा चैन बन गए हो तुम
बंदगी बन गए हों तुम, ज़िंदगी बन गए हो तुम ......

मौसम ने भी करवट बदली है साथी, फूलों पर छाई अब है हरियाली
फूल चाहतों के खिलने लगे हैं, मेरा इश्क, मेरा रूप बन गए हो तुम
बंदगी बन गए हों तुम, ज़िंदगी बन गए हो तुम.........

दिल के दरवाज़े पर दस्तक तुमने दी है, हर आहत पर तेरी तमन्ना हुई है
मेरी रूह में आ बसे हो तुम, मेरी आरज़ू, मेरा इंतज़ार बन गए हो तुम
बंदगी बन गए हो तुम, जिंदगी बन गए हो तुम..........

# ओ रे पिया

क्यों रूठ गये हो तुम सईयां, उत नयन करे तुम बैठे हो
छोड़ दो बालम ज़िद अपनी, क्यों तुम हट किए बैठे हो
क्यों रूठ गये हो तुम सईयां.........

ना उत जाओ तुम सईयां, नहीं बाह छुड़ाओ तुम बलमा
रूठे-रूठे क्यों फिरते हो, छोड़ दो साजन ज़िद अपनी
क्यूं रूठ गये हो तुम सईयां...........

थामी जो बाह तुमने सईयां, ना ऐसे हाथ छुडाओ तुम
ये जन्म मरण का बंधन है, ऐसे ना फंद छुडाओ तुम
क्यूं रूठ गये हो तुम सईयां......

हारी मैं बालम तुमसे पिया, तुम हारी बाजी जीत गए
ऐसे तुम दिल जलाओ नहीं, तुझ बिन कुछ नहीं हम पिया
क्यों रूठ गये हो तुम सईयां........

बिन तेरे हम कुछ भी नहीं, बिन बादल जैसे मेघा है
ना खेलो आंख मिचौली तुम, नहीं रुठो तुम मुझसे पिया
क्यों रूठ गये हो तुम सईयां........

सजनी बिन तेरे मैं भी पतझड हूं, अंबर में व्याकुल घूमता पंछी हूं
मैं जीती बाजी हार गया, बिन तेरे नहीं मैं कुछ सजनी
क्यों रूठ गये हो तुम सईयां..........

# अलबेला सफर

ये ज़िंदगी का सफर है अलबेला
यहां पर सबको चलना है अकेला
नहीं आता साथ, नहीं जाता है साथ कोई
ये ज़िंदगी का सफर है अलबेला..........

रास्ते सबके अलग है, मंज़िल मिलनी नहीं है आसान
बस अकेले ही चलते जाना है, नहीं रुकना है साथिया
ये ज़िंदगी का सफर है अलबेला.........

कभी हंसना कभी रोना है इस सफर में
नहीं पता कब क्या होगा किस को
बस चलते ही जाना है सबको, मंज़िल नहीं है आसान
ये ज़िंदगी का सफर है अलबेला.........

मिलते हैं मुसाफिर कितने
फिर मिलकर बिछड़ जाते हैं
खट्टी-मीठी यादों का कारवां साथ छोड़ जाते हैं
बस चलते ही जाना है सबको, मिलकर बिछड़ जाना है
ये ज़िंदगी का सफर है अलबेला.........

नदिया की धारा सा जीवन, चलता ही जाता है
नहीं रुकता ये कभी भी, यादों का फलसफा छोड़ जाता है
कर्म करो तुम सदा ऐसे, मरकर भी ज़िंदा रहो
ये ज़िंदगी का सफर है अलबेला.........

कुछ खोया कुछ पाया है तुमने
कुछ दुःख कुछ सुख तुमको मिले है
ये ज़िंदगी है खेल निराला
इसमें लोग मिलते-बिछड़ते
बस अकेले ही चलते जाना, कुछ खोना है और कुछ पाना
ये ज़िंदगी का सफर है अलबेला............

# मेरे वास्ते

बीच सफर दे रास्ते, तू चलया मेरे वास्ते
तुझ बिन कटदा नहीं सफर, तू लौट आ मेरे वास्ते
बीच सफर दे रास्ते.......

मैं पानी बनकर बह रही, तू बादल बनकर लौट आ
नहीं कटदा तुझ बिन ये सफ़र, तू लौट आ मेरे वास्ते
बीच सफर दे रास्ते..........

रुक-रुक कर सांसे चल रही, जीवन दी गड्डी रुक रही
हर सांस, सांस में नाम तेरा, तू लौट आ मेरे वास्ते
बीच सफर दे रास्ते..........

सूनी है महफिल तुझ बिन, तन्हा है रात तुझ बिन पिया
भटकती हूं मैं तुझ बिन पिया तू लौट आ मेरे वास्ते
बीच सफर दे रास्ते.........

# ज़िंदगी है आनी-जानी

ये दुनिया बहते दरिया का पानी, आनी-जानी है ये ज़िंदगानी
इस माटी का क्या गम करना, फिर से मिलेगी ये ज़िंदगानी
ये दुनिया बहते दरिया का पानी.............

ये जीवन है ना रुकता कभी भी, चलता ही जाता, ना रुकता कभी भी
क्या गम करना है इस माटी का, मौत के बाद फिर मिले हैं ज़िंदगानी
ये दुनिया बहते दरिया का पानी.........

बस बदले हैं तन-मन, बस बदले हैं सांसे, मिलती है वहीं ज़िंदगानी
वक्त के साथ तू बहता चला जा, क्यूंकि ना थमी है ये ज़िंदगानी
ये दुनिया बहते दरिया का पानी........

ना मद कर तू खुद पर कभी भी, क्यूंकि दर्पण में भी प्रतिबिंब बदल जाता है
कुछ भी सदा ठहरता नहीं है, नहीं ठहरे है ये ज़िंदगानी
ये दुनिया बहते दरिया का पानी........

कालचक्र है ये जीवन मरण, इसके बाद है पुनर्जन्म
ये जीवन मरण का चक्र चलता ही जाता,
ना रुकता कभी भी चलता ही जाता
कर्मों का फल ही साथ साथ चलता
इस माटी का क्या गम है करना, फिर से मिलेगी ये ज़िंदगानी
ये दुनिया बहते दरिया का पानी.........

# ऐ ज़िंदगी तुझसे मुस्कुराना ही सीखा

ऐ ज़िंदगी हमने तुमसे बस मुस्कुराना ही सीखा
गरजते हुए बादलों से नीर बन बरसना ही सीखा
ऐ ज़िंदगी हमने तुमसे बस मुस्कुराना ही सीखा
आए खुशी या गम हर हाल में मुस्कुराना ही सीखा
ऐ ज़िंदगी हमने तुमसे बस मुस्कुराना ही सीखा .......

जुगनू से हमने अंधकार को मिटाना ही सीखा
ऐ ज़िंदगी हमने तुमसे बस मुस्कुराना ही सीखा .......

जेब खाली हो या भरी हर हाल में मुस्कुराना ही सीखा
ऐ ज़िंदगी हमने तुमसे बस मुस्कुराना ही सीखा .......

चांद तारों से हमने धरती को उज्ज्वल करना ही सीखा
ऐ ज़िंदगी हमने तुमसे बस मुस्कुराना ही सीखा .......

सिर पर छत हो या खुले में आशियाना हो अपना
हर हाल में मुस्कुराना ही सीखा
ऐ ज़िंदगी हमने तुमसे बस मुस्कुराना ही सीखा .......

डूबते हुए सूरज से फिर उदय होना ही सीखा
ऐ ज़िंदगी हमने तुमसे बस मुस्कुराना ही सीखा .......

मिले अपनों का साथ या बेरूखी हमको उनसे
हर हाल में हमने मुस्कुराना ही सीखा
ऐ ज़िंदगी हमने तुमसे बस मुस्कुराना ही सीखा ....

पेड़ों के जैसे झुक कर छाया देना ही सीखा
ऐ ज़िंदगी हमने तुमसे बस मुस्कुराना ही सीखा ....

जीवन की तपिश या हो तूफानी मौसम
हर हाल में हमने मुस्कुराना ही सीखा
ऐ ज़िंदगी हमने तुमसे बस मुस्कुराना ही सीखा ....

# हसीन लम्हे

चुरा लिया है ज़िंदगी से कुछ हसीं लम्हों को मैंने,
चुरा लिया है प्यार के सतरंगी रंगों को मैंने
जिसमें साथ हो तेरा, प्यार हो तेरा और ऐतबार हो तेरा
चुरा लिया है ज़िंदगी से कुछ हसीं लम्हों को मैंने ..................

हर लम्हा ख़ूबसूरत है जो साथ तेरे गुज़ारा है
खूबसूरत यादों के कारवां को मैंने पाया है
बंद कर लिया है मुट्ठी में उन लम्हों को सभी
जिसमें साथ हो तेरा, प्यार हो तेरा और ऐतबार हो तेरा
चुरा लिया है ज़िंदगी से कुछ हसीं लम्हों को मैने ..................

दुख से अनजाने, हर गम से बेगाने, प्रीत की डोर से बधे
कैदकर लिया है उन लम्हों को बंद मुठ्ठी में सभी
जिसमें साथ हो तेरा, प्यार हो तेरा और ऐतबार हो तेरा
चुरा लिया है ज़िंदगी से कुछ हसीं लम्हों को मैंने .................

पिया का प्यार हो जिसमें, पिया से इकरार हो जिसमें
मीठी-मीठी बतियां हो जिसमें, चुरा लिया है उन हसीं लम्हों को सभी
जिसमें साथ हो तेरा, प्यार हो तेरा और ऐतबार हो तेरा
चुरा लिया है ज़िंदगी से कुछ हसीं लम्हों को मैंने ................

यूं रूठना कभी, फिर मानना यूंही, फिर रूठ जाना है
खट्टी-मीठी यादों के पल, नोंक-झोंक के हैं पल
कैद कर लिया है उन लम्हों को बंद मुठ्ठी में सभी
चुरा लिया है ज़िंदगी से कुछ हसीं लम्हों को मैंने ................

# किसान

तपती धूप में वो जोतता है खेतों को
पसीनों से तरबतर वो सींचता है खेतों को
श्याम है तन उसका, मन में है जोश कितना
वो भर दोपहरी में जोतता है खेतों को....

प्रेम है माटी से उसका गहरा,
खुद को रंग कर माटी के रंग में,
जोतता वो है खेतों को
पहरा है सख़्त उसका,
जब सोती है दुनिया सारी
सर्दी हो या हो गर्मी, वो देखरेख करता है खेतों की
जेठ की भरी दुपहरी में वो सिंचाई करता है खेतों की
जब सर्द हवाएं है चलती, नहीं दिखता है कोई भी पंछी
जलाकर अलाप को निगरानी करता है रात भर वो खेतों की
ना हो फसल खराब, वो ताकता है खेतों को
हर जतन है वो करता, हर प्रयत्न वो करता
तपती धूप में वो जोतता है खेतों को.....

दाने-दाने की बुवाई वो करता, काटता है फसल को जतनों से
टप-टप करता है पसीना बदन से,
पर वो काम करता है तन-मन से
मलिन वस्त्र हुए उसके, पैर भी हैं छिले हुए
ना हराती है तेज़ धूप उसको, ना झुकाती है तेज़ सर्द उसको
ऋण का बोझ है कितना,
प्रकृति की मार है कितनी
एक किसान ही जाने उसके जीवन में पीड़ा है कितनी
ना उसका दर्द समझें कोई, ना उसका मोल समझे कोई

दिन रात मेहनत है वो करता, पसीना भी वो बहाता
फिर भी हर कोई अनाज का मोल कम ही क्यों लगाता?
फसल ना होने पर दाने दाने को वो मोहताज है होता
बिक जाती हैं ज़मीं उसकी, बिक जाता है आसमां उसका
कई तो ऋण के भार से दबकर मृत्यु को गले लगाते हैं
अपनी भूमि को खोने के डर से
वो जीवन को हार जाते हैं
मिलता है अनाज हमको उनसे,
मिलते हैं जौ और धान उनसे
फिर क्यों कोई भी उसकी कीमत ना जाने?
प्रकृति की जब पड़े मार उस पर,
तब क्यो ना कोई ऋण माफ करता है उनका
वो हर घर के पालनहार हैं,
वो हर घर के अन्नदाता हैं
फिर क्यों नहीं उनके नुकसान को माफ किया है जाता है?
क्यों वो आत्म हत्या के लिए विवश हो जाता है
तपती धूप में वो जोतता है खेतों को...
पसीनों से तर व तर वो सींचता है खेतों को

# गहरा समुंदर हूं

गहरा समुंदर हूं, नदी का किनारा नहीं मैं
हार जाऊं ज़िंदगी की ठोकर से, वो हारा मुसाफ़िर नहीं मैं
गहरा समुंदर हूं मैं..............

मिले दुःख जमाने से बहुत है, पर झुकने की आदत नहीं है
हार जाऊं जो ज़माने के आगे, मैं वो मुसाफिर नहीं हूं
गहरा समुंदर हूं, नदी का किनारा नहीं मैं..........

परीक्षा बहुत है जीवन के पथ पर, और इम्तिहान बहुत ही कठिन है
डर जाऊं उन परीक्षा से, मैं वो मुसाफिर नहीं हूं
गहरा समुंदर हूं, नदी का किनारा नहीं मैं..........

जीवन के अग्निपथ पर हर पथ कटीला और मुश्किलों से भरा है
कही घायल ना मैं हो जाऊं, मैं वो डरा हुआ मुसाफिर नहीं हूं
गहरा समुंदर हूं, नदी का किनारा नहीं मैं..........

तूफानी हवाएं और सुनामी सी लहरें जीवन में हैं उठती
चट्टानी इरादा है मेरा, कमज़ोर मुसाफिर नहीं मैं
गहरा समुंदर हूं, नदी का किनारा नहीं मैं..........

आग कितनी है दिल में कैसे मैं बता दूं
कुछ कर गुज़ारने का है दिल में जज़्बा, कैसे मैं समझाऊं
हार जाऊं मैं खुद से, मैं वो मुसाफिर नहीं हूं
गहरा समुंदर हूं, नदी का किनारा नहीं मैं..........

# बरसों गुज़र गए

बरसों गुजर गए, पर तेरा अहसास अभी बाकी है
मन के दर्पण पर तेरा प्रतिबिंब अभी तक बाकी है

बरसों गुज़र गए, तेरे दिए फूल मुरझा गए
मगर उन फूलों में अभी तलक तेरी खुशबू बाकी हैं

बरसों गुज़र गए, सारे पन्ने धुंधले हो गए
पर हर लम्हों में तेरा अहसास अभी तलक बाकी है
.
बरसों गुज़र गए, आईने में अक्स बदल गए
पर मन के दर्पण में अभी तलक तेरा अक्स अभी बाकी है
.
आज भी जब सूरज निलकता है, तेरा अक्स मन में बसता है
जब पंछी चहचहाते है, तेरे सुर वादियों में गूंज जाते हैं
जब चांद निकलता है, उसमें तेरा अक्स दिखता है
कोयल की कुहू में, सुरों की सरगम में,
बारिश की बूंदों में, हवाओं की करवट में तेरा अक्स अभी बाकी है
बरसों गुज़र गए........

# जब ज़िंदगी उदास लगने लगे

जब ज़िंदगी उदास लगने लगे, ज़िंदगी से रंग सारे मिटने लगे
तब याद करना बीते लम्हे सभी, और पीछे पलटकर देखना ज़रूर
जब ज़िंदगी उदास लगने लगे.........

जब ज़िंदगी से रंग मिटने लगे, मायूसी भी दस्तक देने लगे
मां की लोरी दोहरा लेना, मां के आंचल को लहरा लेना
याद करना उन लम्हों को जो मुस्कान का कारण थे कभी
जब ज़िंदगी उदास लगने लगे........

जब ज़िंदगी से रंग मिटने लगे, अकेलापन सताने लगे
वो पनघट की गगरी, वो मित्रों की मण्डली,
वो काग़ज़ की कश्ती, वो जीवन की मस्ती
याद करना उन लम्हों को जो मुस्कान का कारण थे कभी
जब ज़िंदगी उदास लगने लगे........

जब ज़िंदगी से रंग मिटने लगे, दर्पण भी जब सताने लगे
प्रियतम का साथ याद करना तभी
वो स्पर्श, वो सुनहरे पल याद करना सभी
याद करना उन लम्हों को जो तेरे प्यार के कारण थे कभी
जब ज़िंदगी उदास लगने लगे...

जब ज़िंदगी से रंग मिटने लगे, पांव भी कुछ लड़खड़ाने लगे
गाल भी कुछ धसे से हो, कंपित हो हाथ
जब अकेले  में दिल घबराने लगे, और रातें भी जब सताने लगे
तब ईश्वर की भक्ति में रम जाना सभी
जब ज़िंदगी उदास लगने लगे...

# ईश्वर, कण-कण में तेरा वास है

सृष्टि के कण-कण को तुमने रचा है, रचा है हर जीव के तन को तुमने
कर्मों के अनुसार ही फल मिला है, कैसा ये अद्भुद संसार रचा है?
सृष्टि के कण-कण को तुमने रचा है..........

हर जीव में तुमने प्राण फूके, स्व-विवेक से निर्णय लेने का गुण दिया है
क्या गलत है क्या सही है, समझकर के कर्मानुसार ही फल दिया है
सृष्टि के कण-कण को तुमने रचा है.........

भेजा है संसार में इस नश्वर तन को, फिर तुमने वापस से चोला लिया है
बस कर्मों की चक्की में पीसकर के, कर्मोनुसार ही फल सबको दिया है
सृष्टि के कण-कण को तुमने रचा है.........

क्या गलत है क्या सही है, ये सब समझना तुझको ही है बंदे
फूल भी हैं कांटे भी हैं पथ में, पाप और  पुण्य भी है इस जीवन पथ में
तेरी मर्ज़ी है कौन सा पथ तू है चुनता
बस तेरे किए कर्मों पर तेरा जीवन है चलता, कर्मोनुसार ही फल है मिलता
सृष्टि के कण-कण को तुमने रचा है.........

# यादें

यादें तुम्हारी दर्पण है मेरा, दर्पण में है बस प्रतिबिंब तेरा
ख्वाबों ख्यालों में नज़र आते तुम्हीं हो, तुमसे जुड़ा है अनमोल रिश्ता
यादें तुम्हारी दर्पण है मेरा..........

तुम मेरी मंज़िल कभी भी नहीं हो, पर हर राह मेरी तुमसे जुड़ी है
हर रास्ता तेरी यादों संग है गुज़रे, तुमसे जुड़ा है एक अनजान रिश्ता
यादें तुम्हारी दर्पण है मेरा, दर्पण में है बस प्रतिबिंब तेरा.......

साया नहीं है तू मेरा, पर परछाई बनकर के तू साथ चलता
हर सुख दुःख में साथ निभाता, रिश्तों की गरिमा है बताता
अक्स तेरा धुंधला हुआ है, यादों का दर्पण अब शेष बचा है
यादें तुम्हारी दर्पण है मेरा, दर्पण में है बस प्रतिबिंब तेरा.......

जाने कब छूट जाए सांसों की डोरी, दिल से खत्म हो जाए यादें मेरी
जाने कब टूट जाए दर्पण से प्रतिबिंब, कब खत्म हो जाए सफर हमारा
बिन डोर के बंधे हैं तुझसे, तुझसे है मेरा अनमोल रिश्ता
यादें तुम्हारी दर्पण है मेरा, दर्पण में है बस प्रतिबिंब तेरा.......

# भंवर में है नैया

भंवर में है नैया, मैं ढूंढू किनारा,
नहीं मिले हैं मंज़िल, नहीं मिले है सहारा
भंवर में है नैया मैं ढूंढू किनारा.......

जाना है उस पार, परकश्ती नहीं चलती
जीवन की नैया आगे नहीं बढ़ती
कैसे बढ़ाऊं कश्ती, कैसे ढूंढू किनारा
भंवर में है नैया, मैं ढूंढू किनारा..........

उलझन में मन है, सुलझ नहीं पाए ये
किस ओर जाऊं मैं, समझ नहीं आए ये
कैसे बढ़ाऊं कश्ती, कैसे ढूंढू किनारा
भंवर में है नैया, मैं ढूंढू किनारा..........

मांझी बनकर आओ तुम,उस पार कश्ती लगा दो
रुकी हुई है जीवन की गाड़ी, उसको चला दो
बिन तेरे समझ नहीं किस तरफजाऊं मैं
कैसे जीवन की कश्ती को किनारे पहुचाऊं मैं
भंवर में है नैया, मैं ढूंढू किनारा..........

# ऐ ज़िंदगी

ज़िंदगी ने बहुत कुछ सिखाया हमको
कभी धूप में तपना तो कभी बारिश में भीगना सिखाया हमको
ज़िंदगी ने बहुत कुछ सिखाया हमको ........

सिखाया क्या अच्छा है क्या बुरा है हमको
ज़िंदगी के सफर में फूल कम कांटे अधिक होंगे सिखाया हमको
ज़िंदगी ने बहुत कुछ सिखाया हमको ........

गिरकर संभलना, संभलकर गिरना सिखाया हमको
हार के बाद जीत तो जीत के बाद हार बताया हमको
ज़िंदगी ने बहुत कुछ सिखाया हमको ........

ऐसे तो बहुत अपने है ज़िंदगी के सफर में
जो वक्त पर साथ दे वही अपना है बताया हमको
ज़िंदगी ने बहुत कुछ सिखाया हमको ........

कभी अपनो से बिछोड़ होगा तो कभी अपनो का साथ होगा
दुख की घड़ी के बाद सुख आयेगा ये बताया हमको
ज़िंदगी ने बहुत कुछ सिखाया हमको ........

ज़िंदगी कभी एक सी नहीं रहती पल-पल चलती है
ज़िंदगी में कुछ भी ठहराता नहीं हैं बताया हमको
ज़िंदगी ने बहुत कुछ सिखाया हमको ........

ज़िंदगी के सफर में हज़ारों मुसाफिर मिलेंगे
कुछ मिलकर बिछड़ जाएंगे, कोई जीवन का हिस्सा बन जाएंगे ये समझाया हमको
ज़िंदगी ने बहुत कुछ सिखाया हमको ........

# नश्वर जीवन

बुलबुला पानी का बनता और बिगड़ता है
जीवन भी प्रभु कृपा से मिलता और मिटता है

क्षणभंगुर है ये जीवन पल में मिट जाता है
कर्मों का लेखा-जोखा ही तेरे काम आता है
उत्कृष्ट कर्मों से लेखे से बदलती तकदीरे हैं
कांटो से घायल झोली भी फूलों से महकती है

जो आया है इस जग में उसे निश्चित जाना है
खुद को इस जग में फूलों सा महकाना है
देना है किसी को जीवन, किसी का बन जाना है
फिर देख तेरा दामन भी खुशियों से भर जाना है
तेरे संग साथ ईश्वर भी चलता है

ना दुखाना मन तू किसी का दिल उसका रोता है
दुःख के बदले में तुझको दुःख ही मिलता है
क्यूंकि ये जीवन है कर्मों की खेती
जैसा बोओ वैसा ही फल मिलता है
बुलबुला पानी का...............

# बाज़ार में सब बिकता है, पर क्यूं बिकती है नारी??

खेद है युग बदले, बदल गया लोगों का जीवन, पर आज भी नारी के लिए पुरुषों की मानसिकता वहीं है, हर दिन कितनी ही बच्चियां, युवतियां पुरुषों की दरिंदगी का शिकार होती हैं, दुष्कर्म कर ना जाने कितनी ही युवतियों को मौत के घाट उतार दिया जाता है और कितनी ही बच्ची युवतियों को देह व्यापार के लिए जबरन विवश किया जाता है; क्यूं है आखिर नारी के साथ ऐसा? क्यूं धूप सी तपती है नारी? क्यूं कीचड़ में सने है नारी? क्यूं रौंदी-मसली जाती है नारी? क्यूं अमावस्या का ग्रहण लगे हैं? क्यूं गर्त में उसका जीवन होता? क्यूं तन मन के घाव सहे वो, क्यूं हवस का शिकार है नारी?

नारी ईश्वर की सुंदर रचना है फिर उनका इतना अपमान है क्यूं? बाज़ार में सब बिकता है पर क्यूं बिकती है नारी?

सब बिकता बाज़ार में है और नारी को भी बेच दिया
उड़ती हुई एक चिड़ियां को बंद पिंजरे में कैद किया
गंगा सी वो पावन थी, उसको सबने अपवित्र किया
कली की कोमलता को पल में रौंदा, मसल दिया
इत्र सी बहती खुशबू को बंद डिबिया में कैद किया
तितली के पंखों को पकड़ा और फड़फड़ाने के लिए छोड़ दिया
सूरज की किरणों को काजल की डिबिया में कैद किया
चांदनी रातों को मानो अमावस्या का ग्रहण लगा
बहती हुई फ़िज़ाओं को बहने से है रोक दिया
गिरती हुई बरखा को गिरने से है थाम दिया
होठों की हसी को रुदन में है बदल दिया
सुरीले स्वरो को चीत्कार में है बदल दिया
झुलस गया उसका तन मन ज्वालामुखी के लावे में
लुटा उसकी आबरू को और कोढियों के भाव बेच दिया
ज़ख़्म दिए अनगिनत तन-मन पर आत्मा तक का सौदा किया
बोटी-बोटी नोच कर उसकी, पुरुषों ने अपनी मानसिकता का परिचय दिया

# अंत में बस इतना ही

बिकती है वस्तुएं बाज़ार में, क्यूं बिकती नारी है??
क्यूं तेरे जीवन की जननी की होती सौदेबाजी है?
क्यूं सदियों से रुसवा है नारी, क्यूं वो हो जाती है अबला बेचारी?
क्यूं मर्द की मर्दानगी के आगे वो हो जाती है बेबस बेचारी??
सदियों से उपभोग किया है, पल-पल उसका अपमान किया है
कभी दाव पर लगाया नारी को, कभी सारे आम निर्वस्त्र किया है
उज्ज्वल से उसके तन-मन की क्यूं हर दिन सौदेबाज़ी है?

# किस्से वहीं रहेंगे

किस्से वहीं रहेंगे, बस अब हम नहीं रहेंगे
जब तक तू है, यादें बन तेरी सांसों में हम रहेंगे
किस्से वहीं रहेंगे, बस अब हम नहीं रहेंगे.........

समय बिताया था संग साथ जो तेरे
वो पल फिर नहीं मिलेगे, बस तेरे दिल में हम रहेंगे
किस्से वहीं रहेंगे, बस अब हम नहीं रहेंगे........

बारिश में जब तुम भीगोगे, बूंदों में हमे खोजेंगे
सुहानी रातों में तुम हमे ढूंढोगे, हर पल हमे याद करोगे
सब कुछ वहीं रहेगा, बस हम ही नहीं मिलेंगे
किस्से वहीं रहेंगे बस अब हम नहीं रहेंगे.........

वो रूठने-मनाने के किस्से, वो बीते हुए लम्हें
वो मुस्कुराती हुई यादें, वो किए हुए हर वादें
सब कुछ वहीं रहेगा, बस अब कभी हम नहीं मिलेंगे
किस्से वहीं रहेंगे, बस अब हम नहीं रहेंगे........

हर मौसम में एक-दूजे के संग साथ थे हम
फिर सब मौसम आयेंगे, पर अब हम नहीं साथ चलेंगे
दुःख सुख के लम्हों में नहीं तुझको हम मिलेंगे
किस्से वहीं रहेंगे बस अब हम नहीं रहेंगे ........

# रंग दे मोहे

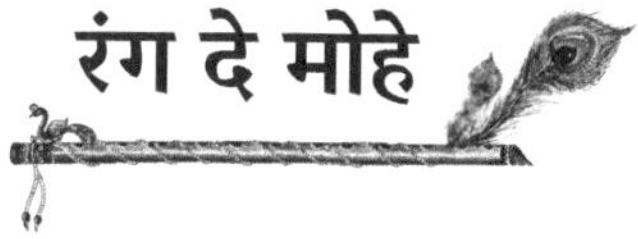

रंग दे पिया, मोहे रंग दे पिया, बेरंग है तन-मन मेरा
अपने ही रंग में रंग दे पिया
रंग दे पिया.......

तारों की चुंदड़ी ले आ मेरे वास्ते, चांदनी के उबटन से तन मेरा रंग दे
अपनी प्रीत के रंग में मोहे रंग दे पिया
रंग दे पिया.......

ऐसे रंग दे मोहे पिया, जन्मों तक प्रीत ना छूटे
तेरे रंग में ऐसी रंग जाऊं उसमें बीते सारी उमरिया बीते
अपने नाम के सिंदूर में रंगा दे मोहे पिया
रंग दे पिया.........

पतझड से मेरे मन को बसंत तू बना दे, फूलों से मुझको तू है सजा दे
ऐसा सिंगार करदे मोहे पिया, फिर नाही तन से तेरी खुशबू जाए
अपनी प्रीत के रंग में मोहे रंग दे पिया
रंग दे पिया.......

तेरे सिवाय ना कोई मुझे भाए, दर्पण में है तेरा रूप आए
तू अंबर मैं धरती बन जाऊ पिया, तेरी ही चुंदड़ी ओढ़ूं पिया
अपने ही रंग में रंग दे पिया
रंग दे पिया.......

# दो पल की है ज़िंदगी

पल दो पल की है ज़िंदगी, पल दो पल की है जीवन की दास्ताँ
पल दो पल का है यादों का कारवां, फिर नहीं है तेरा नामोनिशा
पल दो पल की है ये ज़िंदगी..................

बारिश की बूंदों सा है ये जीवन तेरा, पल में मिट जाता है वजूद तेरा
खिले है जीवन सूरज के जैसा, फिर अंधेरे में डूब जाता है
मिट जाते है राहों के पदचिन्ह, फिर यादों का कारवां रह जाता है
पल दो पल की है ये ज़िंदगी..................

सांसों की डोरी चलती है जब तक, तेरी जीवन की दास्ताँ है तभी तक
पल दो पल की है जीवन में खुशियां, पल दो पल के है जीवन में गम
पल दो पल का है तेरा मेरा साथ, फिर तुम कहां और हम कहां
पल दो पल की है ये ज़िंदगी..................

सागर की लहरें भी बनती हैं मिटती हैं, चांद भी बादल में छिप जाएं
हवाएं भी हर पल रुख बदले, अंबर भी कितने रंग बदले
पल भर में बदलता है सब कुछ, पल भर में बदलते हैं जीवन के लम्हें
पल दो पल की है ये ज़िंदगी..................

# हरे कृष्णा

लगन लगी है श्याम की जब से, सुध-बुध खोई मैंने तबसे
खोकर तुझमें हो गई हूं मैं बावरिया, तेरे नाम की चुंदड़ी ओढ़ी तबसे
लगन लगी है श्याम की जब से...........

वन-वन फिरती हूं मैं बावरिया, तेरे प्रेम का चोला ओढ़ा तबसे
सुध-बुध सब खोकर के मैं बैठी हूं, जबसे तेरे रंग में रंगा है खुद को
लगन लगी है श्याम की जब से...........

विश्वास तुझ पर है मेरा कितना, ये मैं खुद नहीं हूं जानत
बस धुन है तेरे नाम की, जबसे रंगा है तेरा ओढ़ा
सुध-बुध नहीं बाकी है, प्रीत जब तुझसे लगी कृष्णा
लगन लगी है श्याम की जब से...........

ये नैनन अब तुझको ढूंढे है, मृगतृष्णा सी तेरी चाहत
यहां वहां खोजे है तुमको मैं, जबसे प्रीत लगी तुमसे है
लगन लगी है श्याम की जब से ........

जबसे तेरी लगन लगी है तेरे सिवाय नहीं कुछ भाता है
रोम-रोम में तुम बस गए हो, जबसे प्रीत लगी तुमसे है
लगन लगी है श्याम की जब से........

# खूबसूरत हो तुम

खूबसूरत हो तुम, चांद का अहसास हो
सुबह की पहली किरण, रात का ख्वाब हो
खूबसूरत हो तुम.......

जब पड़े धरती पर तेरे कदम, झुके सारी वादियाँ और झुके हैं गगन
तब हवाएं भी रुख बदलने लगे, चांद भी धरती को छूने लगे
तुम बारिश की बूंदे, सुबह की धूप हो
खूबसूरत हो तुम, चांद का अहसास हो........

जब चुंदड़ी तेरी हवा में उड़े, फ़िज़ाएँ भी करवट लेने लगे
जब आंखो से काजल बहने लगे, चांद भी कुछ कहने लगे
तुम चांद की रोशनी, मंदिर में हो एक जलता दिया
खूबसूरत हो तुम, चांद का अहसास हो.......

उलझी लट तेरे चेहरे पर पड़े, चांद रातों में पहरा देने लगे
तेरे आगोश में सिमटा है सारा जहां, तुझसे है जीवन की दास्ताँ
पूर्णिमा का चांद तुम, खिलता गुलाब हो
खूबसूरत हो तुम, चांद का अहसास हो............

# ज़िंदगी एक कला

ज़िंदगी जीना कला है यहां, हर इंसान किरदार निभा रहा है यहां
कोई गिरकर संभलता है यहां, कोई गिरता और गिरता जाता है यहां
ज़िंदगी जीना कला है यहां..........

कोई खोज रहा है खुद को खुद में, मैं क्या हूं और क्या होना है
कोई सोच रहा है सब कुछ मैं हूं, नहीं मुझसे ऊपर कोई यहां है
ज़िंदगी जीना कला है यहां..........

कोई सतरंगी रंगों को भरकर जीवन को कर रहा रंगीन है
कोई मायूसी का चोला ओढ़े जीवन को कर रहा रंगहीन है
कोई ज़िंदगी को जी रहा है तो कोई ज़िंदगी को कर रहा मायूस है
ज़िंदगी जीना कला है यहां..........

ये ज़िंदगी बहुत खूबसूरत है खुल कर जियो
माना थोड़े बहुत गम है यहां, पर खुशियां भी तो हैं
नहीं घबराओ समुंदर की लहरों से तुम, खुल कर जी लो तुम यहां
ज़िंदगी जीना कला है यहां..........

कोई ज़िंदगी के चक्रव्यूह में उलझ गया, कोई भव से खुद को पार कर गया
ज़िंदगी तो है एक जलता दिया, कोई खुद को रोशन कर गया,
तो कोई बुझ गया यहां
ज़िंदगी जीना कला है यहां.........

# रूप की धूप

रूप की धूप ढल सी रही है, संध्या की चादर ओढ़े खड़ी है
सिखाकर अनेकों तजुर्बों को, सांझ के अंधेरे में ढल सी गई है
रूप की धूप ढल सी रही है............

यौवन के खूबसूरत रंग दिखाए, बढ़ती लकीरों में अनुभव दिलाए
क्या अच्छा है, क्या बुरा है, समझाकर सांझ के अंधेरे में ढल सी गई है
रूप की धूप ढल सी रही है............

कसा जिस्म और सुडोल काया, देख कर रूप दर्पण भी शरमाया
देख बुढ़ापे की ढलती तस्वीरें, आईना भी कुछ हिचकिचाया, घबराया
दिखाकर अनेकों रंगों की तस्वीरें, सांझ के अंधेरे में ढल सी गई है
रूप की धूप ढल सी रही है............

रूप की धूप के सामने है हर रंग फीका, रंगीन जवानी का सुन्दर है मेला
पर उतरे जब जवानी के रंग, बदरंग हो जाय जीवन, ठहर जाए है मन
दर्पण भी तब बेगाना सा लागे, अपने भी ना अपने से लागे
दिखाके एकाकी जीवन की तस्वीरें, सांझ के अंधेरे में ढल सी गई है
रूप की धूप ढल सी रही है,............

जवानी से बुढ़ापे में मिल जाएं इतने तजुर्बे, कि कृष्ण के सिवाय ना लगे कोई अपने
वो ही पालनहार, वो ही खिवैया, वो ही सच्चा साथी और वो ही सबका अपना
कृष्णा के चरणों में मन को लगा ले क्यूंकि जीवन की संध्या ढलने लगी है
रूप की धूप ढल सी रही है, संध्या की चादर ओढ़े खड़ी है

# बलात्कार आत्मा पर एक प्रहार

आज हुई है लहूलुहान फिर नारी
तन मन और आत्मा पर है चोट भारी!
छलनी किया नारी के तन-मन को फिर से
नारी पर है जो सितम, अब उसको मिटाना होगा
अब कृष्ण तुमको धरती पर फिर से आना होगा...
युद्ध का शंखनाद अब तुमको ही बजाना होगा
अन्याय के विरुद्ध फिर आवाज़ तुमको ही उठानी होगी
अब कृष्ण तुमको धरती पर फिर आना ही होगा........

जो नोचे नारी के तन और मन को
अब खुद गिद्ध बनकर उस के तन को नोचना होगा
कृष्ण अब तुमको धरती पर फिर आना ही होगा........

क्यों कहते हो नारी को देवी, क्यों मंदिर में बिराजमान करते हो?
जब सम्मान ही नहीं नारी का तो क्यों उसे मां की संज्ञा देते हो?
जो तेरे जीवन का कारण है, क्यों उसको ही अपमानित करते हो?
क्यों उसके कोमल अंगों पर शूलों से प्रहार करते हो
हर नारी का तन-मन कोमल और नाज़ुक है
फिर क्यों अपनी ही जननी पर वार करते हो?
क्यों समझा है खिलौना नारी को तुमने?
क्यों उसको रौंदा मसला जाता है??
जब वो तेरी जन्मदायिनी है,
फिर तू कैसे हैवान बन जाता है
कृष्ण कब तक ऐसा होगा, कब तक नारी का जीवन रुसवा होगा
कब तक वो रोयेगी-फड़फड़ायेगी, कब तक उसकी आत्मा तक का हनन होगा
कहीं ऐसा ना हो, औरत बेटे जनना ही बंद कर दे
कृष्ण खत्म करो इस अन्याय को दुनिया से,
दिलवाने सम्मान नारी को
अब कृष्ण तुमको धरती पर फिर आना ही होगा, फिर आना ही होगा............

# बातें हज़ारों करेंगे

बातें तुमसे हज़ारों करेंगे, बात दिल की हम ना करेंगे
छुपा दिल में है जो दिल में रहेगा, इज़हार-ए-इश्क हम नहीं करेंगे
बातें तुमसे हज़ारों करेंगे.......................

चांद के अक्स पर हम तुम मिलेंगे, दूरियां जन्मों की तय हम करेंगे
थाम के हाथ एक दूजे का, नैनों से मन की कहेंगे
छुपा दिल में है जो दिल में रहेगा, इज़हार-ए-इश्क हम नहीं करेंगे
बातें तुमसे हज़ारों करेंगे...............

सांसों से सांसे मिलेंगी, धड़कन भी कुछ यूं कहेगी
ये जन्मों की प्रीत जो जुड़ी है, जन्मों-जन्मों तक ये रहेगी
लफ़्ज़ों से हम ना कुछ कहेंगे, प्रीत दिल की दिल में रहेगी
बातें तुमसे हज़ारों करेंगे............

हसरतें तेरे साथ रहने की थी, हर सुख-दुख में साथ रहने की थी
पर वो बातें रह गई अधूरी, दिल की बात दिल में ही रह गई
छुपा दिल में है जो दिल में रहेगा, इज़हार-ए-इश्क हम नहीं करेंगे
बातें तुमसे हज़ारों करेंगे.......................

# टूटे हुए ख़्वाब

टूटे हुए ख़्वाबों की तस्वीर बना दे,
रूठी है तकदीर तो उसको मना ले
मिले हैं जो ज़माने से गम हज़ारों,
उन गमों पर खुशी का मरहम लगा दे
टूटे हुए ख़्वाबों की तस्वीर बना दे.........

खूबसूरत ख़्वाब नैनो में संजोये थे कभी,
पलकों की चिलमन पर फिर से वही ख़्वाब सजा दे
टूटे हुए ख़्वाब की तस्वीर बना दे.........

कोमल सा ये मन काठी सा हो गया है
बीते वक्त की कोई यादें फिर से लौटा दे
टूटे हुए ख़्वाब की तस्वीर बना दे.........

मन के दर्पण में एक तस्वीर बनी थी
वक्त की धारा में धुंधली सी हुई है
बीते हुए लम्हों की फिर वही तस्वीर बना दे
टूटे हुए ख़्वाब की तस्वीर बना दे.........

फ़ूलों सी मुस्कुराहटें फैलाते थे हम
अश्क नैनों से रुकते नहीं अब
फिर से फूल बगिया में खुशियों का खिला दे
टूटे हुए ख़्वाबों की तस्वीर बना दे.....

# बिन तेरे सूनी पिया

सूख गया है समंदर, कहां जाय अब नदियां
धारा आंसू बन बहती है, कहती है कहां गई वो रतिया
सूख गया है समंदर, कहां जाय अब नदियां........

बेचैन अब है तेरी धारा, सूना है मन का द्वारा
उमड़-उमड़ कर कहती कहां गए मेरे सजना
सूख गया है समंदर, कहां जाय अब नदियां......

जब साथ था तेरा साजन, तब खुशियाल था मेरा जीवन
ना जाने कितने तूफ़ानों से टकराके मैं तुझमें मिल जाती थी
तुझ बिन साजन बता, किस मोड़ पर मैं जाऊं
कौन सी राह में बहकर मैं तुझमें मिल जाऊं
सूख गया है समंदर, कहां जाय अब नदियां......

हाल-ए-दिल मैं अपना कैसे तुमको बताऊं
किससे मैं अपने दिल की पीड़ा कह पाऊं
राह नहीं मिलती, छाया जीवन में अंधियारा है
तेरे बिना ना जीवन में मेरा कोई सहारा है
ले लो आगोश में अपने तेरी नदिया प्यासी है
तुझ बिन मेरे जीवन की अधूरी कहानी है
सूख गया है समंदर, कहां जाय अब नदियां......

हर मोड़ पर है पत्थर, और राह नहीं मिलती
तुझ तक आने की कोई डगर नहीं मिलती
मैं तन्हा बहती हूं और तन्हा ही रह जाती हूं
बस बहती ही जाती हूं, बस बहती ही जाती हूं,
सूख गया है समंदर, कहां जाय अब नदियां......

# ऐ ज़िंदगी

ज़िंदगी सुन जरा मेरे गम साथ अपने बांट ले
मेरे सारे गम तू लेके कुछ खुशी उधार दे
ज़िंदगी सुन जरा..........

मेरी तन्हाइयों में साथ अपना दे मुझे
छाई है जो बदनसीबी, दे मुझे तू सकून ज़रा
मिल जाएं कुछ खुशी के पल जो साथ तेरे बांट लूं
तेरे साथ मिले जो क्षण तो अपने गम मैं बांट लू
ज़िंदगी तू सुन जरा.....

खामोश ज़िंदगी के सफ़र में साथी तू बन मेरा
सूने मेरे जीवन की मुस्कान तू बन ज़रा
छाया जो अंधेरा है, उम्मीद की किरण दे मुझे
थमे हुए वक्त को कुछ गति दे उधार
ज़िंदगी तू सुन जरा.....

अकेला है मन मेरा, मुझे गले तू लगा
थका हुआ हूं मैं मुसाफिर, रस्ता तू मुझे दिखा
देखे थे जो खबाब मैंने, उनको तू दे दिशा
डूबते सूरज से मन में, दे प्रकाश तू ज़रा
ज़िंदगी तू सुन ज़रा.....

छाई है जो गम की बदली, उन बादलों को छांट दे
तपते हुए जीवन में बहार बन के आओ ना
कांटो भरे जीवन पथ पर फूलों के दीप खिलाओ ना
डूबती हुई संध्या में प्रभात बनके आओ ना
ज़िंदगी तू सुन जरा.....

# ज़िंदगी की राहों में

ज़िंदगी की राहों में तेरा साथ हो
फिर क्या कमी है जब तेरा प्यार हो
ज़िंदगी लगे ख़ूबसूरत सी गुल-ए-गुलज़ार हो
ज़िंदगी की राहों में जब तेरा साथ हो ........

हर लम्हा लगे हसीं जब तेरा साथ हो
पतझड में भी सदा वसंत का अहसास हो
छूने ना आए कोई दुख जब तेरा प्यार हो
ज़िंदगी की राहों में जब तेरा साथ हो ................

हर आँधी में भी रास्ते बना लेंगे हम
हर तूफ़ाँ से भी गुज़र जाएंगे हम
हंसते मुस्कुराते निकल जायेगा हर लम्हा
ज़िंदगी की राहों में जब तेरा साथ हो ................

जब तू है तो हर गम सह लेंगे हम
हर परिस्थिति में भी रह लेंगे हम
ना सताए अमावस्या की रात काली
हर दिन लगे होली, और हर रात दिवाली
ज़िंदगी की राहों में जब तेरा साथ हो ................

माथे की बिंदिया तेरा अहसास है
हाथों में मेंहदी बस तेरा प्यार है
बालों में कजरा तेरी खुशबू का अहसास है
ज़िंदगी की राहों में जब तेरा साथ हो ................

# चले ना जाना तुम

चले ना जाना तुम छोड़कर गलियां मेरी
चले ना जाना तुम........

सांसे चलती है संग तेरे सजना मेरी
छोड़ ना जाना तुम ये गलियां मेरी
चले ना जाना तुम........

होले-होले जब जब पवन चले है, मेरा जिया संग तेरे सजन चले है
रूठ ना जाना तुम ना छोड़ना बईया मेरी
चले ना जाना तुम छोड़कर गलियां मेरी ..........

मेरे दिल पर बस तेरा ही नाम लिखा है ये जीवन अब सजन तेरे नाम किया है
बदल ना जाना तुम, ना छोड़ना साथ तुम मेरा
चले ना जाना तुम छोड़कर गलियां मेरी ..........

महके तेरी खुशबू हर सांस में मेरे सजन, हर धड़कन पर है तेरा ही नाम ओ साजन बहक ना
जाना तुम, ना छोड़ना साथ तुम मेरा
चले ना जाना तुम छोड़कर गलियां मेरी ..........

# अजब तमाशा इस जग का

अजब तमाशा इस जग का, जीवन मृत्यु सब है उसका
हम सब माटी की कटपुतली, गजब खेल है ये उसका
अजब तमाशा इस जग का...........

रेशम के तारों में उलझा दी जीवन की उसने डोरी
सिरा पकड़ा है अपने हाथों फिर कैसे सुलझे डोरी
अजब है उसकी जीवन लीला, अजब है खेल निराला
हम सब है उसके हाथों की कटपुतली, गजब तमाशा उसका
अजब तमाशा जीवन का.........

नाचे हम उसके आगे बनकर एक कटपुतली
वो मदारी बनकर डमरू की ताल पर हमे नचाये
शतरंज की हर चाल भी उसकी,
शय भी उसकी मात भी उसकी
हर बाज़ी है सब उसकी, गजब निराला खेल उसका
अजब तमाशा इस जग का.................

जीवन मृत्यु के चक्र में फंसा मानव कैसे रोए फड़फड़ाए
उत्तम कर्मो की गठरी ही उसको भव से पार लगाये
वो दो राहों का जाल बिछाकर खेले खेल निराले
सही चयन से धन्य तेरा जीवन हो जाएं
अजब है ये खेल उसका, गजब तमाशा उसका
अजब तमाशा इस जग का.....................

# ऐ ज़िंदगी

ऐ ज़िंदगी तेरे संग साथ चलना है
बदले मौसम या बदले ज़िंदगी के पन्ने, तेरी ढाल बनकर हमको रहना है
ऐ ज़िंदगी तेरे संग साथ चलना है ..........

ज़िंदगी हसीन या बेरंग हो साथी, तेरे साये में उम्र भर हमको रहना है
ऐ ज़िंदगी तेरे संग साथ चलना है ..........

भले ज़िंदगी धूप सी तपती रहे, तेरी छांव में उम्र भर हमको रहना है
ऐ ज़िंदगी तेरे संग साथ चलना है ..........

तू फूलों से महकता रहे उम्र भर, तेरी खुशबू बन संग साथ चलना है
ऐ ज़िंदगी तेरे संग साथ चलना है ..........

तू बहार बनके मेरी ज़िंदगी में आया है, तेरी छाया बन संग साथ चलना है
ऐ ज़िंदगी तेरे संग साथ चलना है .......

तू बादल बनके उड़ता रहे, मुझे बरखा बन तेरे संग साथ चलना है
ऐ ज़िंदगी तेरे संग साथ चलना है .......

अगर ज़िंदगी दर्द अधिक देती है, मरहम बन तेरे संग साथ चलना है
ऐ ज़िंदगी तेरे संग साथ चलना है .......

तू सूरज सा चमके हर पल, तेरी किरण बन तेरे संग साथ चलना है
ऐ ज़िंदगी तेरे संग साथ चलना है .......

सुख या दुःख हो, हर हाल में तेरे संग साथ चलना है
ऐ ज़िंदगी तेरे संग साथ चलना है .......

तू गहरा समुन्दर, मुझे नदियां बन तेरे संग साथ बहना है
ऐ ज़िंदगी तेरे संग साथ चलना है .......

# काश काश ही रह गया

काश कि वो पल कहीं ना खोते, हम ऐसे रुसवा कभी ना होते
थम जाता वहीं पर बचपन, काश कभी हम बड़े ना होते
पिता की छाया में सदा हम रहते, काश सदा हम बच्चे रहते
काश, मां की सीख पर सदा हम चलते, तो ज़िंदगी के पन्ने कुछ और ही होते
काश, खेल कूद में वक्त ना खोते, तो जीवन के लम्हे अब कुछ और ही होते
काश, जेब में कुछ पैसे होते, तो देखें थे जो सपने वो सब सारे सच होते
काश, उससे दिल की बात हम कहते, शायद आज हम साथ में होते
काश, अपनों से कभी हम ना झगड़ते, तो आज हम एक परिवार होते
काश, रूठे हुए साथी को मनाया होता, तो कभी हम उससे जुदा ना होते
काश उस दिन सही वक्त पर हम पहुंचते, तो अपनों को हम कभी ना खोते
काश अपने लिए चंद पैसे जोड़े होते, तो आज हम वृद्धआश्रम में ना होते
काश काश ही रह गया, ख़्वाबों का घरौंदा अधूरा ही रह गया, देखे थे जो सपने खुली आखों से
वो वक्त की रेत में धुंधले हो गए........

# बिन तेरे अधूरी मैं पिया

खारा समुंदर, मीठी हैं नदियां, एक दूजे बिन अधूरी हैं रतियां
समा जाती हैं सागर के आगोश में, सागर बिन अधूरी हैं नदियां
खारा समुंदर, मीठी हैं नदियां....................

जाने कहां से हैं चलती नदियां, बनाती हैं अपना वही रास्ता
जहां रहता है उसका समुंदर वहां, खो जाती हैं फिर सागर में नदियां
एक दूजे बिन है प्रीत अधूरी, एक दूजे बिन है वजूद कहां
खारा समुंदर, मीठी है नदियां....................

शांत धारा, चंचल सी बहती, फिर भी कितनी अकेली, कितनी है प्यासी
चांदनी से भी शीतल, खूबसूरत नूर तेरा, बिन तेरे है ये समुंदर अधूरा
निहारे हर पल रास्ता है तिहरा, तेरे बिना है ये कितना प्यासा
खारा समुंदर, मीठी है नदियां.................

प्रतीक्षा मैं करता हूं दिन रात तेरी, लहरों से ढूंढता हूं तेरी मौजूदगी
उफनता ही रहता हूं इंतज़ार में तेरे, बिन तेरे है मेरी दुनिया अधूरी
चली आओ नदियां, मुझमें समा जा, तेरे बिना है मेरी लहरें अधूरी
खारा समुंदर, मीठी है नदियां.................

# ज़िंदगी है खेल निराला

जिंदगी है खेल निराला, कहीं धूप, कहीं छांव का आना
नहीं पता आगे क्या होगा, ज़िंदगी है एक सफर अनजाना
ज़िंदगी है खेल निराला......

कल क्या होगा किसने जाना, बस अनजान सफर पर चलते जाना
गली-गली कहीं फूल खिलेंगे, कहीं कांटों से हम घायल होंगे
ये जीवन बस कर्म क्षेत्र है, इस पर बस आगे बढ़ते जाना
ज़िंदगी है खेल निराला......

कहीं सपनों की सेज सजेगी, कहीं कंधों पर अर्थी होगी
कहीं खुशियों के दीप जलेंगे, कहीं दुःख से दीप बुझेंगे
ये जीवन रंग मंच निराला, आना फिर इस दुनिया से जाना
ज़िंदगी है खेल निराला......

कहीं पिया से मिलन की बेला, कहीं विरह की रात है काली
पाला है जिसे हसरत से उसी से है अब ये दुनिया अनजानी
ये जीवन सुख दुःख का मेला, कभी साथ कभी बिछोड़ की बेला
ज़िंदगी है खेल निराला......

# मुसाफिर हूं चले जाना है

मुसाफिर हूं, चले जाना है,
जीवन बगिया में प्यार का गुल खिला जाना है
मुसाफिर हूं चले जाना है..........

दीप सा जलकर के रोशन जग को कर जाना है
मुसाफिर हूं, चले जाना है........

फूलों सा खिलकर के इत्र की खुशबू महका कर जाना है
मुसाफिर हूं, चले जाना है........

जुगनू सा चमक कर के अंधेरे में उम्मीद की किरण जगा जाना है
मुसाफिर हूं, चले जाना है........

सूरज सा चमक कर के हर बुराई का नाश कर जाना है
मुसाफिर हूं, चले जाना है........

सूरज सा खिलना है, चंदा सी शीतलता जग में फैलाकर के जाना है
मुसाफिर हूं, चले जाना है........

तारों सा टिमटिमाना है, वृक्षों सा झुक करके परोपकार की भावना को दिल में जगाना है
मुसाफिर हूं, चले जाना है........

तन दिया ईश्वर ने, सांसे दी ईश्वर ने, हर सांस उसके नाम कर जाना है
मुसाफिर हूं, चले जाना है........

ये चोला माटी का, माटी में मिलना है, ये तन काम आए किसी के ऐसे काम कर जाना है
मुसाफिर हूं, चले जाना है........

# घड़ी मिलन की

बादलों के बीच से पुरवाई हवाएं हैं चल रही
चांद के आगोश में दो ज़िंदगी है मिल रही
बादलों के बीच से पुरवाई हवाएं हैं चल रही....

शुभ मिलन की बेला में चांद पहरा दे रहा
तारों की चुंदर ओढ़े नैनों में मन खो रहा
प्रीत के रंग में रंगे तन का हो रहा मिलन
बादलों के बीच से पुरवाई हवाएं चल रही....

शरमाई सी, इठलाई सी अंबर में कहीं सिमट गई
जैसे बादलों के आगोश में चांदनी कहीं खो गई
एक दूजे के रंग में रंगे दो दिल एक हो रहे
बादलों के बीच से पुरवाई हवाएं हैं चल रही....

नदिया बहते-बहते सागर के आगोश में समा गई
ना रही फिर सुध कुछ भी, ना होश फिर बाकी रहा
एक दूजे में खो कर एक दूजे के हो गए
बादलों के बीच से पुरवाई हवाएं हैं चल रही....

# सरहद की सीमा पर

ऊंची-नीची डगरों पर, सरहद की सीमा पर
ऊंचे-नीचे बर्फीले मैदानों पर, कोई तो है जो पहरा दे रहा है...........

धूप से तपते रेतो पर, शीतलहर सी वादियों में
तूफ़ानी रातों में, कोई तो है जो पहरा दे रहा है,.........

बारिश की बूंदों में, बर्फ की बारिश में
पतझड़ के मौसम में, कोई तो है जो पहरा दे रहा है...
रेगिस्तान के टीलों पर, सागर की इन लहरों पर
अंबर में पंछी बन, कोई तो है जो पहरा दे रहा है......

जल में, थल में, गगन में, कोई तो है जो पहरा दे रहा है...
हम अपने घरों में चैन से सो रहे हैं
कोई तो है जो अपना चैन खो कर दिन रात पहरा दे रहा है.......

हम बेख़ौफ़ ज़िंदगी को जी रहे हैं
क्यूंकि कोई तो है, जो अपनी खुशियों की कुर्बानी दे रहा है
कोई तो है जो पहरा दे रहा है...
हम महफ़ूज़ है किसी के साये में
क्यूंकि, कोई तो है जो साया बन साथ चल रहा है
कोई तो है जो पहरा दे रहा है...
हम खुशियों के दीपक जला रहें हैं
क्यूंकि कोई तो है, जो दीप सा जल रहा है
कोई तो है जो पहरा दे रहा है...
हम पर्वों पर सतरंगी रंगों में रंगे हैं

क्यूंकि कोई तो है, जो देशभक्ति के रंग में रंगा है
कोई तो है जो पहरा दे रहा है...
हम मां की आंचल की छाँव में निश्चित सो रहे हैं
कोई तो है जो मां के आंचल की सुरक्षा में जाग रहा है
कुर्बान खुद को कर हमारी खुशियों के लिए जी रहा है
वंचित हर सुख से, देश की मिट्टी से लिपटा वो खुश हो रहा है
कोई तो है जो पहरा दे रहा है..............

# वक्त थम जा ज़रा

वक्त थम जा ज़रा, ना फिसल हाथों से यूं कहीं
मिले जो खूबसूरत पल ना फिसल रेत से तू कहीं
वक्त थम जा ज़रा.......

हाथों में लिए हाथ चल, मेरे तू संग साथ चल
मिली जो है खुशी, चल तस्वीर में कैदकर ले तू
मिलेंगे ना फिर कभी ये पल, ठहर जा वक्त कभी
वक्त थम जा ज़रा.......

दुःख की बीती जो घड़ी, फिर ना लौटे ये कभी
आने वाला कल खूबसूरत है जैसे है ये घड़ी
पल-पल खुशियां हो, ठहर जा वक्त कभी
वक्त थम जा ज़रा.............

सुख की चुंदड़ी ना कभी सिर से सरके कभी
छांव तेरी कभी हठे नहीं जीवन से कभी
साया बनकर तू चलना साथ मेरे सदा
जो मिला है साथ तेरा, ठहर जाएं वक्त यहीं
वक्त थम जा ज़रा......

# जीने की वजह मिल गई है

भटके हुए मुसाफिर को मंज़िल मिल गई है, जीने की फिर एक वजह मिल गई है
रात के अंधेरे में गुम थी ज़िंदगी, दिन के उजाले में अब ज़िंदगी मिल रही है
भटके हुए मुसाफिर को मंज़िल मिल गई है...............

बिन तेरे हम कुछ भी नहीं थे, गलियों में यूहीं घूमा करते थे
पाया साथ तेरा, फिर वजह मिली है, जीने की चाह दिल में जगी है
दिल ने फिर दस्तक दी है, तेरे आने से मिल गई ज़िंदगी है
भटके हुए मुसाफिर को मंज़िल मिल गई है.....

खामोशियों से जो तूने कह दिया, वो मेरे दिल ने सुन लिया है सनम
और सुनने को बाकी कुछ नहीं, तेरी धड़कनों को सब कह दिया है
तू जो मिला है ज़िंदगी मिल गई है जीने की फिर एक वजह मिल गई है
भटके हुए मुसाफिर को मंज़िल मिल गई है............

किस्मत से तुम मिले हो, फिर दूर ना जाना हमसे
हमसे ख़फ़ा ना होना, हमसे जुदा ना होना
तुम जो मिले हो बहार आ गई है, इन बहारो में ज़िंदगी मिल गई है
भटके हुए मुसाफिर को मंज़िल मिल गई है..........

# ऐ मां

झिलमिल-झिलमिल रातों में, मीठे-मीठे ख्वाबों में
निंदिया बनकर तुम आना मां
सोने के पलके में झूला झुलाकर
मीठी-मीठी लोरी मुझको सुनाना मां
झिलमिल-झिलमिल रातों में, मीठे-मीठे ख्वाबों में....

मेरी यादों में तुम रहती हो मेरी मां
कभी सामने भी मेरे आया करो मेरी मां
चांद की बिंदियां पहने, तारों की चुंदड़ी ओढ़े,
अपने आंचल में भी मुझको सुलाना मां
मीठी-मीठी लोरी मुझको सुनाना मां
झिलमिल-झिलमिल रातों में, मीठे-मीठे ख्वाबों में ....

तेरी बाहों के हार मैं भी चाहती हूं
आंख मिचौली संग तेरे खेलना चाहती हूं
तू कहां छुपी है मां मुझको बता दे तू
संग तेरे ज़िंदगी बिताना चाहती हूं मां
झिलमिल-झिलमिल रातों में, मीठे-मीठे ख्वाबों में ....

भीड़ है दुनिया में, पर कोई ना तुझ-सा है
बिन तेरे, आखों के आसूं कोई ना पोछे है
बिन तेरे, दिल का हाल कोई ना समझे है
बिन तेरे सूना है ये जहान मां
तू कहां छुपी है मां मुझको बता दे तू
तेरे आंचल में मां छुपना चाहती हूं मैं
झिलमिल-झिलमिल रातों में, मीठे-मीठे ख्वाबों में ....

# मौत कितनी खूबसूरत है

मौत कितनी खूबसूरत है ये आज समझ आया
अकेले चलते हुए थक गए थे
कंधों पर कंधे मिलते गए तो आज समझ आया
मौत कितनी खूबसूरत है ये आज समझ आया ..........

सदा अकेले चलते थे हम
आज क़ाफ़िला साथ चला तो समझ आया
मौत कितनी खूबसूरत है ये आज समझ आया ..........

ना कोई उपहार थे ना कोई फूल थे
आज फूलों की बारिश हुई तो समझ आया
मौत कितनी खूबसूरत हैं ये आज समझ आया ..........

दो गज कपड़े के लिए मशक़्क़त किया करते थे
आज चादरों पर चादरें चढ़ी तो समझ आया
मौत कितनी खूबसूरत है ये आज समझ आया ..........

अपनों के साथ के लिए तरसा करते थे हम
आज अपनों से ही मुक्ति मिली तो समझ आया
मौत कितनी खूबसूरत है ये आज समझ आया ..........

वक्त नहीं था लोगो पर साथ बैठने को
आज सब पास बैठे तो समझ आया
मौत कितनी खूबसूरत है ये आज समझ आया ..........

# ऐ ज़िंदगी अपना बना ले

ऐ ज़िंदगी, अपना बना ले, पलकों की चिलमन में मुझको छुपा ले
बन जा सहारा ज़िंदगी, थाम के हाथ गले से लगा ले
ऐ ज़िंदगी, अपना बना ले.............

वक्त ने बदली करवट, ख़्वाब सारे टूटे, अपने सारे छूटे
थाम के हाथ मेरा, गले से लगा ले
ऐ ज़िंदगी, अपना बना ले.............

बन जा बारिश की बूंदे, दे दे सकून मुझको
खो जाऊं तुझमें मैं, बह जाएं मेरे सारे गम
थाम के हाथ मेरा, गले से लगा ले
ऐ ज़िंदगी, अपना बना ले.............

बन जा फूलों की बगिया, होठों पर मुस्कान भर दे
सूने मेरे मन में खुशियों के रंग भर दे
थाम के हाथ मेरा, गले से लगा ले
ऐ ज़िंदगी, अपना बना ले.............

डूबे जो सूरज फिर दुनिया को रोशन करता है
तू भी मेरे जीवन में उम्मीद की ज्योत बन जा
थाम के हाथ मेरा, अंधेरे को मिटा दे
ऐ ज़िंदगी, अपना बना ले.............

बन जा तू एक परिंदा, बादलों के पार ले चल
साथ तेरे मैं सपनों की दुनिया में जाऊं
थाम के हाथ मेरा, चांद के पार ले चल
ऐ ज़िंदगी, अपना बना ले.............

मैं तितली बन उड़ती जाऊं, तू जुगनू बन चमकता जाए
मेरे जीवन में उम्मीद के दीप जलाए
थाम ले हाथ मेरा, गले से लगा ले
ऐ ज़िंदगी, अपना बना ले.............

# वक्त पुनः खुद को दोहरायेगा

वक्त ने मुझे समझाया है, ना आसूं बहा किसी गम में
ये वक्त फिसलती रेत सा है, ये भी गुज़र ही जायेगा
फिर खुशियों का एक फूल खिलेगा,
वक्त पुनः खुद को दोहरायेगा...........

वक्त ने मुझे समझाया है, ना आसूं बहा कभी किस्मत पर
जो दिया है तूने जीवन में, वहीं तुझे पुनः मिल जायेगा
वक्त पुनः खुद को दोहरायेगा.........

वक्त ने मुझे समझाया है, कहा तू माली है जीवन बगिया का
फूल के बदले फूल खिलेंगे, कांटों के बदले कष्ट मिलेंगे
जो बोया है तूने, वही फल तुझको मिल जायेगा
वक्त पुनः खुद को दोहरायेगा.......

हार जीत जीवन में आनी-जानी है, ये ज़िंदगानी फिर ना मिल पानी है
नश्वर है तन मन और जीवन सारा, भ्रमित करती है ये धन माया
जब साथ नहीं कुछ भी जानी है, फिर क्यूं किसी की आह कमानी है
जो देगा फिर वही पायेगा, वक्त पुनः खुद को दोहरायेगा.....

वक्त पुनः खुद को दोहरायेगा..........

वक्त पुनः खुद को दोहरायेगा......

# वक्त का परिंदा

वक्त का परिंदा उड़ चला है, खट्टी-मीठी यादों की यादें छोड़ गया है
नहीं आता बीता वक्त लौटकर कभी, छोड़ जाता यादों का कारवां है ये
वक्त का परिंदा उड़ चला है..........

वक्त का परिंदा ना थमता कभी, चलता ही जाता है रुकता नहीं
छोड़ जाता है ये यादों का कारवां, ना लौटकर आता है कभी
वक्त का परिंदा उड़ चला है..........

वक्त ने सिखाया अच्छे अच्छे को सबक, वक्त के आगे हारे हैं सभी
वक्त को ना कोई कर सका मुट्ठी में कभी, वक्त ना कभी हारा है कहीं
वक्त का परिंदा उड़ चला है..........

कभी ज़ख़्म देता है यही, और दिए ज़ख्मों पर मरहम लगाता है यही
हंसाता है यही, यही रुलाता है, वक्त ही है जो ढाल भी बन जाता है
वक्त का परिंदा उड़ चला है..........

किए कर्मों का हिसाब लेता है यही, हर दुख-सुख का हिसाब देता है यही
राजा से रंक, रंक से राजा बनाता है यही, वक्त के आगे हारे हैं सभी
वक्त का परिंदा उड़ चला है..........

# ऐ ज़िंदगी

ज़िंदगी की किताब में खुशियों और गम के मेले हैं
कभी भीड़ में भी तन्हा है, कभी तन्हाइयों में भी रेले है
ज़िंदगी की किताब में................................

सुख है घनी छांव और दुख तो है पहेली
जीवन की दौड़ में ना कोई  सखा ना सहेली
पन्ने बदलते हैं ज़िंदगी की किताब से
कभी भीड़ में भी तन्हा है कभी तन्हाइयों में भी रेले हैं
ज़िंदगी की किताब में................................

एक पल मिले किसी अजनबी का साथ है
तो दूजे पल अपनो से ही जुदाई है
पन्ने बदलते हैं ज़िंदगी की किताब से
किस्से बदलते हैं ज़िंदगी की किताब से
कभी भीड़ में भी तन्हा है, कभी तन्हाइयों में भी रेले हैं
ज़िंदगी की किताब में................................

कभी कहीं पर फूलों की क्यारी है
और कभी पर कांटों के बिस्तर हैं
हर लम्हे बदलते हैं और बदलते हैं किस्से
कभी भीड़ में भी तन्हा है, कभी तन्हाइयों में भी रेले हैं
ज़िंदगी की किताब में................................

कभी पतझड़ का मौसम कभी बसंत की हरियाली है छाई
कभी बारिश की बूंदों  से धरती पर बहार आई
बदलते हैं मौसम बदलते हैं लम्हे
कभी भीड़ में भी तन्हा है, तन्हाइयों में भी रेले हैं,
ज़िंदगी की किताब में................................

# संदेशा आया है पिया

संदेशा आया है पिया, तेरा तार आया है पिया
नैना रोए मेरे, दिल भर आया है पिया
संदेशा आया है पिया.........

तुझ बिन सजनी कुछ नहीं भाय है
हवाएं भी यूंही सरसराये है
तुझ बिन क्या है हाल मेरा कैसे बताऊं मैं
नैना व्याकुल हैं मेरे, दिल तड़पे है सदां
संदेशा आया है पिया.........

खत में पूछे मेरे पिया, मुझ बिन सजनी कैसा है जिया?
कैसे मैं बताऊं! आंखे हैं नम मेरी, तुझ बिन प्यासा है जिया
नैना रोए मेरे, दिल भर आया है पिया
संदेशा आया है पिया.........

संदेशा आया है तेरा, लगा तू आया है पिया
तुझ बिन अधूरी मेरी रातें और तड़पे है जिया
नैना रोए मेरे, दिल भर आया है पिया
संदेशा आया है पिया.........

तेरे इंतज़ार में मैं दर बदर फिरती हूं
हर आहट पर मैं बस तुझको ही ताकती हूं
पल-पल तेरी याद में रोऊँ मैं बावरिया
संदेशा आया है पिया.........

माथे की बिंदिया, हाथों की चूड़ियां
बालो का कजरा, हाथों की मेंहदी
तरसी निगाहें तेरा रास्ता देखे हैं सदा
कब आओगे पिया, कब आओगे पिया
नैना रोए मेरे, दिल भर आया है पिया
संदेशा आया है पिया.........

# चल ज़िंदगी एक नई शुरुआत करते हैं

चल ज़िंदगी नई शुरुआत करते हैं, आज खुद से ही एक सवाल करते हैं
जो जीते थे सदा दूसरों के लिए, आज खुद के लिए जान निसार करते हैं
चल ज़िंदगी नई शुरुआत करते हैं.........

जो छोड़ आए थे अपने सपनों को कहीं बाबुल की गालियों में,
चलो आज फिर से उन सपनों पर जान निसार करते हैं हम
चल ज़िंदगी नई शुरुआत करते हैं.........

सैक्रिफाइस शब्द मां ने सिखाया सदां , किया अपनी इच्छाओं का भी सौदा सदां
चलो आज दूर गगन में पंछी बन उड़ते हैं, आज इच्छाओं पर जान निसार करते हैं
चल ज़िंदगी नई शुरुआत करते हैं.........

था हममें जो हुनर, वक्त की रेत में बह गया है कहीं,
चलो आज अपने हुनर पर जान निसार करते हैं
चल ज़िंदगी नई शुरुआत करते हैं.........

प्यारा साथी, जिसके साथ जीवन जिया, हर सुख-दुःख में साथ है जिसने दिया
चलो आज सदा के लिए उस पर जान निसार करते हैं
चल ज़िंदगी नई शुरुआत करते हैं.........

कृष्णा ने ये अद्भुद नरतन दिया, सम्पूर्ण तन और संपन्न जीवन दिया
चलो आज खुद को उनके चरणों में समर्पित करते हैं
चल ज़िंदगी नई शुरुआत करते हैं.........

# मेरे सनम

जिस पथ पर तू चले फूल ही फूल खिलें, कांटे ना चुभे तुझे कोई सनम
राह तेरी हो आसान साथिया, कोई गम का झोखा नहीं छूने पाए तुझे
जिस पथ पर तू चले फूल ही फूल खिलें............

जिस पथ पर तू चले धूप से ना जले, छाया चुंदड़ी ओढ़े तेरे संग संग चले
रास्ते तेरे हो आसान साथिया, कोई मुश्किल नहीं जीवन में तुझको मिले
जिस पथ पर तू चले फूल ही फूल खिलें............

जिस पथ पर तू चले दीप खुशियों के जलें, ना अंधेरा छूने पाए तुझे
रास्ते तेरे हो आसान साथिया, कोई तूफान ना रास्ते में आए तेरे
जिस पथ पर तू चले फूल ही फूल खिलें............

जिस पथ पर तू चले सतरंगी रंग खिलें, हवाएं भी तेरा रुख कर चलें
रास्ते तेरे हो आसान साथिया, खुशियों के रंग तेरे पथ में खिलें
जिस पथ पर तू चले फूल ही फूल खिलें............

तेरे प्यार से सजना महके अगंना मेरा, बहार बन मेरे जीवन में चहके सदां
तेरे प्यार का रंग मेरे जीवन में खिले, साथ मरते दम तक रहे हमारा सदां
जिस पथ पर तू चले फूल ही फूल खिलें............

# मां

तुझे धरती पर सुंदर पल मिले हैं और हर पल तूने अपने अर्पण किए हैं
कोख में अपनी ममता को रखकर, तूने तन-मन सब समर्पण किए हैं
तुझे धरती पर सुंदर पल मिले हैं और हर पल तूने अपने अर्पण किए हैं
हर पीड़ा को सहकर के तूने, ममता का रूप धारण किया है
हर बुराई से उसको बचाकर, रोशन उसका जीवन किया है
ढाल बनकर ममता की तू, अर्पण अपना जीवन किया है
तुझे धरती पर सुंदर पल मिले हैं और हर पल तूने अपने अर्पण किए हैं
आंचल में उसको छुपाकर अपने अमृतधारा से है सीचा
प्रथम गुरु बनकर के ज्ञान क्या अच्छा क्या बुरा तूने दिया
अपना तन मन सब है लुटाया, अर्पण अपना जीवन किया है
तुझे धरती पर सुंदर पल मिले हैं और हर पल तूने अपने अर्पण किए हैं
जीवन के अंतिम क्षण तक साथ अपनी संतान का नहीं है छोड़ा
हर दुख सहकर के उसने सर्वत्र अपना अर्पण किया है
धरती पर ईश्वर का रूप रखकर जीवन अपना समर्पण किया है
तुझे धरती पर सुंदर पल मिले हैं और हर पल तूने अपने अर्पण किए हैं

# मुसाफिर हूं मैं

कल चला जाऊंगा, तेरी दुनिया का मुसाफिर हूं मैं
रास्ता भटक गया हूं मैं,
मंज़िल दिखा दे मुझे, हारा हुआ जुआरी हूं मैं
कल चला जाऊंगा मैं.........

दुनिया की फ़ितरत से वाफिक नहीं हूं मैं,
इंसान हूं इंसान से मिला दे मुझे, भटका हुआ राही हूं मैं
कल चला जाऊंगा मैं.........

ठगा तेरी दुनिया ने मुझे बहुत मेरे मालिक है
दुनिया की रीति सीखा दे मुझे, नादान खिलाड़ी हूं मैं
कल चला जाऊंगा मैं.........

सब कुछ है पता, कुछ भी नहीं जानता हूं मैं
होशियारी सिखा दे मुझे, अंजान पथिक हूं मैं
कल चला जाऊंगा मैं.........

व्यापार है तेरी दुनिया सब कुछ बिकता है यहां
रिश्तों की ना कोई गरिमा ना गौरव है यहां
सौदेबाज़ी नहीं आती, सौदागर बना दे मुझे
कल चला जाऊंगा मैं.........

# कितने जन्मों की प्यासी हूं मैं

कितने जन्मों से प्यासी हूं मैं, तेरी एक नज़र की दीवानी हूं मैं
जो दिया हाथों में हाथ तूने, तेरी हर अदा पर मस्तानी हूं मैं
कितने जन्मों से प्यासी हूं मैं............

अब जिस्म की बात नहीं, रूह में आ बसे हो तुम
तेरे हर अंदाज़ पर फिदा है ये दिल, तेरे प्यार में मस्तानी हूं मैं
कितने जन्मों से प्यासी हूं मैं ...........

मन से मन का हो रहा है मिलन, तन की फ़िक्र अब कहां बाकी है
हसरते संग तेरे जीने-मरने की, तुझमें ही अब मैं यहां बाकी हूं
कितने जन्मों से प्यासी हूं मैं...........

सावन में भी तरसे है मन बरखा बनके सनम
तुझमें भीगकर भी नहीं रहे सुध कोई बाकी है
तुझमें ही तेरी बनकर मैं रहूं, तेरे प्यार की मैं दीवानी हूं
कितने जन्मों से प्यासी हूं मैं ...........

तेरी हर अदा पर मरते हैं हम, तेरा साया बनकर के चलते हैं हम
सिवाय तेरे ना कुछ मांगा मैंने, तेरी ही एक नज़र काफ़ी है
कितने जन्मों से प्यासी हूं मैं.............

# माटी का ये जग सारा

माटी का ये जग है सारा, माटी का है इंसान
हम सब है कटपुतली इस जग में, वो ही है खेवनहार
माटी का ये जग है सारा..........

हम सब है शतरंज के प्यादे, हर बाज़ी है रब के हाथों
हार, जीत सब उसके हाथों, बागडोर सब उसके हाथों
हम सब है कटपुतली इस जग में, वो ही है खेवनहार
माटी का ये जग है सारा..........

माटी के इंसान रचे, उनमें उसने प्राण भरे
भिन्न-भिन्न सांचों में ढाला, पर खून का रंग एक दिया
भेजा जन्म मरण के बंधन में, पर कर्मों का हिसाब रखा
कर्मों के लेखे-जोखे से पत्थर में भी फूल खिला
रखी डोर अपने हाथो में, पल-पल का हिसाब किया
माटी का ये जग है सारा..........

ये तन है मिट्टी का पुतला, फिर माटी में ही मिलता है
तेरे कर्मों के लेखे-जोखे से ही पुनः ये जीवन मिलता है
वो मदारी है इस जग का, अपने खेल पर हमें नचाता है
माटी के इस जग को बनाता और मिटाता है
माटी का ये जग है सारा..........

पग-पग पर है जाल वो बुनता, दो पथ वो तैयार है करता
एक पथ नेकी पर चलता, दूजा पथ मतिभ्रष्ट है करता
कर्मों के जाल वो बुनकर तेरी राह है वो तय करता
खुद माया का जाल बिछाकर तेरा कठिन इम्तिहान वो लेता
सिखाता सबक हमे पल-पल पर, कर्मों का फल हमको देता
बागडोर रखता अपने हाथों में, पल-पल का हिसाब वो लेता
माटी का ये जग है सारा.........

# ज़िंदगी देने वाले बता

ज़िंदगी देने वाले बता, क्यूं ज़िंदगी गम का नाम है?
क्यूं छाई आंखो में बेबसी, क्यूं दुनिया इतनी परेशान है?
ज़िंदगी देने वाले बता......

क्यूं छा रहा है घना अंधेरा, क्यूं अंधेरे में डूबा इंसान है?
उम्मीद की किरण दूर तक नहीं, क्यूं किस्मत के आगे लाचार है
ज़िंदगी देने वाले बता......

कोख में है पाला जिसे, आंचल की अमृतधार से सींचा जिसे
क्यूं आज ममता शर्मसार है? क्यूं बुढ़ापा वीरान है?
ज़िंदगी देने वाले बता......

किसी को इतना वैभव दिया, और दामन खुशियों से भर दिया
और क्यूं किसी को लाचार कर दामन कांटो से ज़ख़्मी किया?
ज़िंदगी देने वाले बता......

चारों तरफ छाई बेबसी, भाई भाई से है लड़ रहा
चंद रूपये के लिए हर रिश्तों से दरकिनारा है कर रहा
छाई कैसी है बदनसीबी, इंसान इंसान को ज़ख़्म दे रहा
ज़िंदगी देने वाले बता......

इंसान की कितनी सुंदर रचना करी, फिर क्यूं कुछ अधूरी छोड़ दी??
क्यूं बनाई अधूरी प्रतिमा, फिर क्यूं उन्हें ये नर तन दिया
ज़िंदगी देने वाले बता......

सुंदर संसार रचा, उसमें अपनो का साथ दिया
कुछ जन क्यूं अकेले रह गए, अपनो के लिए तरसते रह गए
ज़िंदगी देने वाले बता......

औरत को मंदिर की देवी कहा, जगतजननी का ओहदा दिया
फिर क्यूं उसके तन को कांटो से ज़ख़्मी किया?
ज़िंदगी देने वाले बता......

ज़िंदगी देने वाले बता, जीवन मरण का चक्र तूने रचा
सब कुछ अपने हाथों रखा, फिर क्यूं सबके खाते में दुख है दिया
ज़िंदगी देने वाले बता......

बताता हूं तुझको मैं सब, ना तू यूं मायूस हो
जीवन मरण का चक्र मैंने रचा, माना सब कुछ अपने हाथों रखा
कर्मों का ही सबको फल दिया, नहीं इससे अलग कुछ मैंने किया
ये संसार कर्मक्षेत्र है अपने कर्मों का लेखा-जोखा यहां
अपने कर्मों की गठरी ढोनी सभी को, अपने कर्मों का फल है यहां
ज़िंदगी धूप छांव है, फूल और कांटे यहां
थोड़ी गम, थोड़ी खुशियों यहां, हर किसी को कुछ ना कुछ दिया
ज़िंदगी देने वाले बता......

# मेरे पिता

अपने सायें में रखना पिता, तेरी छाया है सबसे जुदा
नहीं चिंता नहीं डर है कोई, तेरी पनाह में है सुरक्षित सदा
अपने साये में रखना पिता.................

ये ज़िंदगी बिन तेरे अधूरी पिता, तेरे बिना कुछ नहीं है पिता
तेरी छाया में हम महफ़ूज़ हैं, तेरे बिना पराया है ये जग पिता
अपने साये में रखना पिता...........

तेरे कंधे पर बैठ देखी है ये दुनिया मैंने, साथ तेरे खूबसूरत ये जग है पिता
बिन तेरे उदास ये जग है पिता, बिन तेरे नहीं कोई अपना यहां
अपने साये में रखना पिता...........

सूरज सा तेज है तुझमें पिता, बरगद सी छाया है तेरी सदा
चिंताओं से बेगाने हैं हम सब, अगर साथ है तेरा पिता
अपने साये में रखना पिता...........

हमारे लिए तू दुनिया से लड़ जायेगा, जान निसार तू अपनी कर जायेगा
कुर्बान कर अपने अरमानों को, सारा प्रेम हम पर अर्पण कर जायेगा
तेरे बिन हम कुछ भी नहीं, बारिश बिन धरती हम हैं पिता
अपनी छांव में हमको रखना सदा, तेरे बिन हम कुछ भी नहीं हैं पिता
अपने साये में रखना पिता...........

धरती पर तू ईश्वर का रूप है, थोड़ा सख़्त थोड़ा नर्म है पिता
जीवन में सदा तेरी छाया मिले, तेरी छाया में है सुरक्षित पिता
अपने साये में रखना पिता...........

# तुम हो तो बेफिक्र हूं मैं

तुम हो तो बेफिक्र हूं मैं, तेरे अहसास में ही मसरूफ़ हूं मैं
ना चिंता किसी बात की, ना डर है किसी का, तेरे प्रेम में मगरूर हूं मैं
तुम हो तो बेफिक्र हूं मैं..............

इस ज़ालिम ज़माने की चिंता नहीं, तेरे साथ में मगरूर हूं मैं
तुम हो तो बेफिक्र हूं मैं.............

हर व्यवस्था से अंजान तेरे साए में सेफ हूं मैं
ना चिंता है ना डर है किसी का, तेरे प्रेम में मगरूर हूं मैं
तुम हो तो बेफिक्र हूं मैं.........

ना बारिश का डर है ना ख़ौफ़ तूफ़ा का है, तेरी छत के नीचे महफ़ूज़ हूं मैं
ना चिंता है ना डर है किसी का, तेरे प्रेम में मगरूर हूं मैं
तुम हो तो बेफिक्र हूं मैं........

जब-जब दुखों की बदली है छाई, सुखों ने ले ली थी अंगड़ाई
तब भी कोई चिंता नहीं थी क्यूंकि संग साथ है सदा तेरी परछाई
तू है तो बेख़ौफ़ हूं मैं, तेरे प्रेम में मगरूर हूं मैं
तुम हो तो बेफिक्र हूं मैं.......

कोई गलती भी हो जाए तो निश्चिंत हूं कि वो सम्भाल लेंगे
मेरे वो हर गुनाहों के लिए वो माफ कर देंगे मुझे
तू है तो बिंदास हूं मैं, तेरे प्रेम में मगरूर हूं मैं
तुम हो तो बेफिक्र हूं मैं......

# चंचल पवन

चंचल पवन कुछ कहती है सुन, तेरे बिना कुछ भी नहीं हैं हम
छुआ जो तूने हमको सनम, सदा के लिए तेरे हो गए हैं हम
चंचल पवन कुछ कहती है सुन..............

ज़िंदगी के मायने बदलने लगे हैं, तेरे लिए हम संवरने लगे हैं
तेरे ही होकर तुझमें ही हम कैद होने लगे हैं
छुआ जो तेरी बातों ने, सदा के लिए तेरे हो गए हैं हम
चंचल पवन कुछ कहती है सुन..............

हवा के झोंके का अहसास तू, कानों में घोले वो मीठा राग तू
हर सुर की सरगम है तू, बारिश की बूंदों का अहसास है
तेरे प्रेम में ऐसे बहे, सदा के लिए तेरे हो गए हैं हम
चंचल पवन कुछ कहती है सुन.........
ये दुनिया तुझमें सिमटने लगी है, बस तुझको ही अपना कहने लगी हूं
मोड़ा जो रुख हवाओं ने हम तेरे होने लगे हैं
चंचल पवन कुछ कहती है सुन...........

सांसों में बस तेरा नाम है, दिल में मेरे तेरा ही खयाल है
जिस्म से उतर कर तू रूह में आ बसा, होठों पर बस तेरा नाम है
तेरे प्रेम के स्पर्श को पाकर हम तेरे होने लगे हैं
चंचल पवन कुछ कहती है सुन.........

# मेरी अधूरी कहानी

आज मैं आप सभी के समक्ष ऐसे विषय पर चर्चा करना चाहती हूं जहां अविभावकों की आकांक्षाओं के समक्ष बच्चों के अपने सपने दम तोड़ देते हैं, जी हां जब माता-पिता अपने सपनों को किसी भी कारणवश पूरा नहीं कर पाते तो वो अपने बच्चों से उन्हीं सपनों को पूरा करने की इच्छा रखते हैं, वो ये नहीं सोचते हैं कि बच्चा क्या करना चाहता है, केवल वो यही सोचते है कि हमारा बच्चा बड़ा होकर डॉक्टर या इंजीनियरिंग ही बने!!

ज़रूरी नहीं कि केवल प्रतिभा डॉक्टर, इंजीनियरिंग या कोई अधिकारी बनने में ही है, किसी भी क्षेत्र में आप सफलता हासिल कर सकते हो जैसे खेल, डांस, फोटोग्राफी, चित्रकारी, डिजाइनिंग, कुकिंग आदि।

और जब बच्चा उनके सपनों को पूरा नहीं कर पता है तो डर से या तो बच्चा अवसाद में चला जाता है या ख़ुदकुशी कर लेता है...

चलिए एक कविता के माध्यम से बच्चे की मन की बातें समझें

मेरी अधूरी कहानी
नाज़ुक सी नन्ही कली मैं.. मेरी अधूरी कहानी.......

मेरी अधूरी कहानी.....

नाज़ुक सी नन्ही कली मैं, मेरी अधूरी कहानी....

सपनों की उड़ान लेकर, आई सुंदर दुनिया में मैं
सुर ताल मेरी सहेली, वाणी में थी सरस्वती
पर पिता को मंज़ूर नहीं था, वो चाहते थे IAS बने मेरी बिटिया
सारे सपने उन्होंने तोड़े मेरे, अपने ही सपने थोपे मुझ पर
पर गाना ही थी चाह मेरी, नहीं कोई दूजी इच्छा मेरी
पर घर में थे सब खिलाफ इसके, बस IAS ही थी उनके सपना

दम मेरा घुटने लगा था, डिप्रेशन ने मन में पहरा किया था
नहीं लगता था मन पढ़ाई में मेरा, बस म्यूज़िक ही था जीवन मेरा
अंतर्मन में द्वंदयुद्ध मेरे चला था, नहीं जीने का कोई मन बचा था
बहुत समझाया पिता को अपने, पर परिवर्तित ना उनका हृदय हुआ था
बहुत समझाया था खुद को पर ख़ुदकुशी ही एक रास्ता बचा था
क्या पाया पिता ने मेरे, अपनी लाड़ली को ही खो दिया था
काश समझा होता मुझे उन्होंने, शायद आज हम साथ होते
बचपन मेरा यूं ना खोता, मेरा भी कोई मुकाम होता
पर काश काश ही रह गया है, कहानी का पन्ना अधूरा रह गया है
मेरी अधूरी कहानी..................

# ऐ ज़िंदगी

ऐ ज़िंदगी किस मोड़ पर ले लाई, बुढ़ापे की कैसी तस्वीर दिखाई है?
थका जीर्ण शीर्ण तन हुआ है, तन्हा अकेली कैसी तकदीर बनाई है
ऐ ज़िंदगी किस मोड़ पर ले लाई..............

जीते थे बड़ी हिम्मत से, किसी चुनौती से ना डरते थे
आज खुद से जी चुराते हैं हम, कैसी तकदीर पाई है
ऐ ज़िंदगी किस मोड़ पर ले लाई ..........

बहुत संगी साथी थे अपने, दिन बड़े सुहाने थे
अब देखूं जो दर्पण को, दिल मेरा घबराए
ये कैसी घड़ी आई है विपदा सी छाई है
ऐ ज़िंदगी किस मोड़ पर ले लाई ..........

व्यस्त था बहुत जीवन, खुशहाल ज़िंदगी थी
अब झुके कंधे हैं, तन्हा अकेला है जीवन
ये कैसी घड़ी आई है क्यों मायूसी छाई है
ऐ ज़िंदगी किस मोड़ पर ले लाई ......

प्रभु नाम सहारा है, उन बिन नहीं मिले किनारा है
जपनाम अब करना है मुक्ति ही एक सहारा है
ऐ ज़िंदगी किस मोड़ पर ले लाई ......

# कालचक्र है कर्मों का

ये कालचक्र है कर्मों का तेरे संग-संग साथ जो चलता है
तेरे किए कर्मों का फल तूझे आगे चल कर मिलता है
ये कालचक्र है कर्मों का......

समय बहुत है शक्तिशाली, घूमकर वहीं आ जाता है
जो बोई है फसल तूने वही फल बनकर वापस दे जाता है
बच ना सका कर्मों से कोई हर पल का हिसाब दे जाता है
घूमता है अपनी ही धुन में, फूल और कांटे बनकर आता है
ये कालचक्र है कर्मों का.............

तेरे बोले हर शब्दों का हिस्सा तुझे ही चुकाना है
बोली जो तूने है कर्कश वाणी आगे वही तूझे पानी है
बोल ना कटु शब्दों को दिल किसी का दुखता है
दिए दुःख पीड़ा जो तूने वही बदले में मिलता है
कर्मों की गठरी बड़ी ही भारी, जो तुझे ही उठानी पड़ती है
हर पीड़ा की गठरी तूझे ही संभालनी पड़ती है
बोले मधुर वचनों से दुःख तेरे मिट जाते हैं
दुःख को सहने वाले भी सुख को गले लगाते हैं
ये कालचक्र है कर्मों का.............

समय की तन पर मार पड़े तो सुंदर काया भी नष्ट हो जाती है
तन के दुःख के साथ साथ मन भी छलनी हो जाता है
समय बड़ा ही शक्तिशाली सबको सबक सिखाता है
डर तू बन्दे वक्त के फन से, ये सबको डस जाता है
कर्मों को अनमोल बना लें, वक्त के फन से तू बच जायेगा
ये कालचक्र है कर्मों का.............

# वक्त

समेट लो वक्त को मुट्ठी में अपने, ये घड़ी पलट कर ना वापस आयेगी
रेत सा फिसल जायेगा वक्त, फिर ये खूबसूरत घड़ी लौट कर ना आयेगी
समेट लो वक्त को मुट्ठी में अपने..................

मिला है सुहाना बचपन, लूट लो हर लम्हों को, जी लो हर पल को तुम
रेत सा फिसल जायेगा वक्त, फिर ये नटखट बचपन ना लौट कर आयेगा
समेट लो वक्त को मुट्ठी में अपने..................

वो सखियों की टोली, वो रंगो की होली, वो पनघट की गगरी है खूबसूरत लम्हें
बंद कर लो मुट्ठी में वक्त को अपने, फिर ना लौट कर आयेगी मित्रो संग मस्ती
समेट लो वक्त को मुट्ठी में अपने................................

वो जवानी है क्या खूबसूरत दर्पण रंगों का, इठलाता इतराता खुद की है पहचान बताता
जी लो जवानी के रंगीन पन्ने, फिर ना लौटकर आयेंगे खूबसूरत पन्ने
समेट लो वक्त को मुट्ठी में अपने.......................

वक्त रेत सा फिसल जाता है, हर लम्हा पीछे छूट जाता है
रह जाती हैं धुंधली तस्वीरें, तस्वीर से रंग उड़ जाता है
दर्पण भी अब अपना ही रंग बदले, तजुर्बो की चुंदर ओढ़े आता है
बहुत सताता है वक्त सबको, तन्हा अकेला रह जाता है
यादें ही है बस अक्स अपना, जीवन बेमानी हो जाता है
इसलिए कैद कर लो हर लम्हों को दिल में, बस फिर वही एक सहारा रह जाता है
समेट लो वक्त को मुट्ठी में अपने..................

# गुमनाम दुनिया

गुमनाम दुनिया है, बदनाम पेशा है
अरमां वही दिल के, मासूम चेहरा है
गुमनाम दुनिया है........

मां के आंचल की छाँव, पिता के साए की चाह
भाई बहन का हो साथ, यही बस अरमां है
गुमनाम चेहरा है........

सखियों संग बतिया हो और मीठी-मीठी रतिया हो
दुल्हन का पहना हो लिबास, यही बस अरमां है
गुमनाम दुनिया है........

कोई अपनी भी चिंता करे, दुःख में साथ रहे
मांग चांद तारों से मेरी सजे, यही बस अरमां है
गुमनाम चेहरा है........

अपनो संग पर्व मने, होली साजन के रंग में रंगे
अपनी खुशियाल दुनिया हो, यही बस अरमां है
गुमनाम दुनिया है........

अपनी हस्ती हो, अपनी एक पहचान हो
जीवन में सम्मान हो, यही बस अरमां है
गुमनाम दुनिया है........

पर ये ख्वाब है अब बस, बदनामी पहचान है
ख्वाब टूटे हैं अपने, अरमां मरे है दिल के
ये जीवन अब है क्या, कांटों की शैय्या है
हर रात झुलसना है, हर गम को सहना है
ज़ख़्म देने वाले हैं बहुत, मरहम लगाने वाला ना कोई
मन बहलाने वाले हैं बहुत, मन को समझने वाला ना कोई
हाथ पकड़ने वाले हैं बहुत, साथ चलने वाला ना कोई
जिस्म के सौदागर हैं बहुत, मांग भरने वाला ना कोई
गुमनाम चेहरा है, बदनाम पेशा है

# बदलता वक्त

कभी वक्त एक जैसा नहीं रहता, वक्त है कि बदलता ही जाता
कभी भीड़ सी रहती है जीवन में, कभी सन्नाटा बढ़ता ही जाता
कभी वक्त एक जैसा नहीं रहता............

कभी शोर ही शोर चारों तरफ है होता, कभी खामोशियों का होता है पहरा
कभी वक्त एक जैसा नहीं रहता......

कभी बचपन, कभी जवानी की सुंदर तस्वीरें, कभी बिलखता सा बुढ़ापा रह जाता
कभी वक्त एक जैसा नहीं रहता......

कभी राजा, कभी रंक, कभी सिसकता रोता जीवन रह जाता
कभी वक्त एक जैसा नहीं रहता......

कभी वसंत, कभी पतझड़ कभी बारिश की बूंदे, तो कभी तूफ़ानी मौसम
वो भी सब बदलता ही जाता,
कभी वक्त एक जैसा नहीं रहता......

कभी जीवन में उजाला, कभी अंधेरा है घना, पर फिर से उजाला हो ही जाता
कभी वक्त एक जैसा नहीं रहता......

कभी मिलन की बेला, कभी अपनो से बिछोड़ की संध्या, तन्हा अकेला जीवन रह जाता
कभी वक्त एक जैसा नहीं रहता......

कभी उदासी, कभी मायूसी कभी फूलों सा मुस्कुराता जीवन रह जाता
कभी कुछ भी एक सा नहीं रहता, वक्त बदलता और बदलता ही जाता
कभी वक्त एक जैसा नहीं रहता.....

सब कुछ है नश्वर, सदा एक सा कुछ भी नहीं रहता
जीवन का हर लम्हा बदलता ही जाता
कभी वक्त एक जैसा नहीं रहता.....

# ऐ ज़िंदगी

ज़िंदगी को कोई सीरियस ना लो, ये ज़िंदगी पल में मिट जाएगी
खाली हाथ आये थे, खाली हाथ ही चली जायेगी
ज़िंदगी को कोई सीरियस ना लो..........

किसी की भी बात को दिल से नहीं लगाया करो
ये ज़िंदगी है साहब, रेत सी हाथों से फिसल ही जायेगी
ज़िंदगी को कोई सीरियस ना लो..........

ज़िंदगी का कमिंग और रिटर्न टिकट तो कन्फर्म है
फिर बात-बात पर यूँ नहीं रूठ जाया करो
ये ज़िंदगी है साहब सुबह से सांझ में ढल ही जायेगी
ज़िंदगी को कोई सीरियस ना लो..........

ना शिकायत करो नहीं शिकवे करो
बस हंसते मुस्कुराते ज़िंदगी को जी लो
ये ज़िंदगी है साहब, किसी के लिए नहीं रुकती
ज़िंदगी को कोई सीरियस ना लो..........

ये ज़िंदगी कृष्ण की दी अनमोल देन है
इसे यूँ ही ज़ाया नहीं करो
किसी की मुस्कुराहट बनो और दर्द बांट लो
क्योंकि ये ज़िंदगी है साहब पल में साथ छोड़ ही जायेगी
ज़िंदगी को कोई सीरियस ना लो..........

# साथिया

साथिया तू है तो चेहरे पर मुस्कान है
साथिया, तेरे होने से ही सपनों में उड़ान है
तू है तो चेहरे पर नूर है, बिन तेरे सब बेनूर है
साथिया तू है तो आसमां में सतरंगी रंग हैं
साथिया तेरे होने से ही चांद में चमक है
साथिया तू है तो चेहरे पर मुस्कान है ...............

साथिया तेरे होने से सपनों में उड़ान है
ज़िंदगी कितनी ख़ूबसूरत और लाजवाब है
साथिया तू है तो चेहरे पर मुस्कान है ...............

साथिया तेरे होने से फूलों में महक है
साथिया तेरे होने से मेरे सुर में चहक है
तेरे होने से जिंदगी कितनी ख़ूबसूरत और लाजवाब हैं
साथिया तू है तो चेहरे पर मुस्कान है .............

साथिया तेरे होने से वादियों में बहार है
तेरे होने से हवाएं भी बेकरार है
तू है तो ज़िंदगी हसी है बिन तेरे ज़िंदगी बेकार है
साथिया तू है तो चेहरे पर मुस्कान है ....

# ऐ ज़िंदगी

रुकी सी है ज़िंदगी चलो अपनों को बुलाते हैं
चाय की चुस्कियों के साथ गपशप लड़ाते हैं
कुछ रह गए जो शिकवे-शिकायतें, एक दूजे से कभी
चलो बातों ही बातों में हर मसले को सुलझाते हैं
रुकी सी है ज़िंदगी चलो अपनों को बुलाते हैं ........

कुछ अपनी कहते हैं कुछ उनकी सुनते हैं
चलो बातों ही बातों में अपना दुख दर्द बांटते हैं
रुकी सी है ज़िंदगी चलो अपनो को बुलाते हैं ........

ज़िंदगी के सफर में टेंशन है बहुत
चलो आज हंसकर मुस्कुराकर हर टेंशन को दूर भागते हैं
रुकी सी है ज़िंदगी चलो अपनो को बुलाते हैं ........

मिले हैं आज मुद्दतों के बाद
चलो आज पनघट पर जा बीती यादें ताज़ा कर आते हैं
रुकी सी है ज़िंदगी चलो अपनो को बुलाते हैं ........

आज गिन कर खाया करते हैं रोटी
चलो आज एक थाली में खाकर पुराना इतिहास दोहराते हैं
रुकी सी है ज़िंदगी चलो अपनो को बुलाते हैं ........

ज़िंदगी की दौड़ में भागते-भागते थक गए हैं हम
चलो आज मिलकर सुकून के लम्हें बिताते हैं
रुकी सी है ज़िंदगी चलो अपनो को बुलाते हैं ........

# मिडिल क्लास फैमिली

मिडिल क्लास फैमिली वाले कुछ अलग होते हैं
तिनका-तिनका जोड़कर घर बनाने वाले, पर
मेहमानों के स्वागत के लिए सदा तत्पर रहते हैं
मिडिल क्लास फैमिली वाले कुछ अलग होते हैं ............

अपने बच्चों से कुछ ऐसे प्यार जताते हैं
बाज़ार से लौटते समय समोसे लेकर आते हैं
मिडिल क्लास फैमिली वाले कुछ अलग होते हैं ...........

घर में सभी बड़ों का सम्मान करते हैं
बाहर वाला कुछ कह दे तो मुंह तोड़ जवाब देते हैं
मिडिल क्लास फैमिली वाले कुछ अलग होते हैं ............

छोटी-छोटी बातों पर ध्यान देते हैं
घर में हर किसी की फ़िक्र करते हैं
मिडिल क्लास फैमिली वाले कुछ अलग होते हैं .....

पाई-पाई कर पैसा जोड़ते हैं
खुद पुराने कपड़े पहनकर बच्चों की इच्छाएं पूरी करते हैं
मिडिल क्लास फैमिली वाले कुछ अलग होते हैं .....

उनकी सारी संपत्ति उनके बच्चे होते हैं
और बच्चों के बेस्ट रिज़ल्ट ही उनके मैडल होते हैं
मिडिल क्लास फैमिली वाले कुछ अलग होते हैं .....

# जी ले ज़िंदगी

जी ले ज़िंदगी, ज़िंदगी खुलकर जीने का नाम है जी ले ज़िंदगी, ज़िंदगी खुलकर जीने का नाम है

किसी को दे खुशी, किसी से ले खुशी,
ज़िंदगी इसी का नाम है
जी ले जिंदगी, ज़िंदगी खुलकर जीने का नाम है.....

आये गम या खुशी जिंदगी मुस्कुराने का नाम है
ज़िंदगी इसी का नाम है
जी ले ज़िंदगी, ज़िंदगी खुलकर जीने का नाम है......

बनके तू दीपक जीवन सवार दे, हर चेहरे पर मुस्कान बांट दे
ज़िंदगी देने का नाम है, ज़िंदगी इसी का नाम है
जी ले ज़िंदगी, ज़िंदगी खुलकर जीने का नाम है............

मुश्किलें आयेंगी जीवन में पर तुम ना बदलना
अपनी अच्छाइयों से खुशियों के रंग भरना
बदले मौसम, बदले ये दुनिया तुम ना बदलना
देना किसी को जीवन, ज़िंदगी इसी का नाम है
जी ले ज़िंदगी, ज़िंदगी खुलकर जीने का नाम है..........

व्यर्थ चिंता ना कर कभी भी, मुसीबतें आती-जाती रहेंगी
ये जीवन फिर ना मिलेगा, हंसकर जी ले ज़िंदगी
जी ले ज़िंदगी, ज़िंदगी खुलकर जीने का नाम है
किसी को दे खुशी, किसी से ले खुशी,
ज़िंदगी इसी का नाम है
जी ले ज़िंदगी, ज़िंदगी खुलकर जीने का नाम है.....

आये गम या खुशी ज़िंदगी मुस्कुराने का नाम है
ज़िंदगी इसी का नाम है
जी ले ज़िंदगी, ज़िंदगी खुलकर जीने का नाम है......

बनके तू दीपक जीवन सवार दे, हर चेहरे पर मुस्कान बांट दे
ज़िंदगी देने का नाम है, ज़िंदगी इसी का नाम है
जी ले ज़िंदगी, ज़िंदगी खुलकर जीने का नाम है............

मुश्किलें आयेंगी जीवन में पर तुम ना बदलना
अपनी अच्छाइयों से खुशियों के रंग भरना
बदले मौसम, बदले ये दुनिया तुम ना बदलना
देना किसी को जीवन, ज़िंदगी इसी का नाम है
जी ले ज़िंदगी, ज़िंदगी खुलकर जीने का नाम है..........

व्यर्थ चिंता ना कर कभी भी, मुसीबतें आती-जाती रहेंगी
ये जीवन फिर ना मिलेगा, हंसकर जी ले ज़िंदगी
जी ले ज़िंदगी, ज़िंदगी खुलकर जीने का नाम है

# ये उम्र भी कुछ ऐसी है

ये उम्र ही कुछ ऐसी है, अल्हड़, नटखट अलबेली है
नादानी हद से ज़्यादा है, मतवाली, मस्तानी छैल-छबीली है
ये उम्र ही कुछ ऐसी है............

ज़िद्दी, हटीली बहुत कुछ पाने की चाह, वो पैर पटकती चलती है
बात बात पर गुस्सा करती, फिर से मुस्काती हंसती फिरती वो,
ये उम्र ही कुछ ऐसी है........

तितली सी वो उड़ती फिरती है पर परंपराओ में खुद दब जाती है
रीति-रिवाजों की चादर ओढ़े वो खुद ही उसमे ही लिपट जाती है
ये उम्र ही कुछ ऐसी है.............

नोक-झोंक, तकरार-प्रेम, कर्तव्य से बंधी फिर भी आज़ादी चाहती है
चाहे तो आज़ाद है वो फिर भी खुद ही बेड़ियों में जकड़ जाती है
ये उम्र ही कुछ ऐसी है............

परवाह करती है सबकी, पर खुद पर स्नेह वो भी चाहती है
सबका ध्यान वो रखते हुए, खुद में कहीं खो जाती है
ये उम्र ही कुछ ऐसी है...........

# जीवन साथी

हम कभी तुम्हें अलविदा कह ना पाएंगे
जीये जो लम्हें साथ तेरे, कभी ना भूला पायेंगे
हम कभी तुम्हें अलविदा कह ना पाएंगे .......

हर लम्हा खूबसूरत था जो साथ तेरे गुज़ारा था
उन खूबसूरत लम्हों को कभी अलविदा ना कह पाएंगे
हम कभी तुम्हें अलविदा कह ना पाएंगे ..........

साथ सुनहरे ख्वाब सजाये थे संग तेरे साजन
उन सुनहरे ख़्वाबों को कभी अलविदा ना कह पाएंगे
हम कभी तुम्हें अलविदा कह ना पाएंगे ..........

तेरे साथ मदहोश शामें सजाई थी साजन
ना भूलने वाली एक दास्तां बनाई थी
वक्त के रेत में खो गया साथ हमारा तुम्हारा
पर साथ बिताई हुई शामों को अलविदा कह ना पाएंगे हम
हम कभी तुम्हें अलविदा कह ना पाएंगे ..........

साया बन साथ चलते थे तुम,
हमारे दिल की धड़कन थे तुम
साथ छूटा तेरा मेरा, रह गए तन्हा हम
पर दिल में बसी तेरी यादों को कभी अलविदा कह ना पाएंगे हम
हम कभी तुम्हें अलविदा कह ना पाएंगे ..........

दिल में समाया था प्यार तेरा
मेरे तन मन पर था नूर तेरा
वक्त के प्रवाह में बिछड़ गए हम-तुम
पर दिल से तेरा प्यार कभी ना होगा कम
हम कभी तुम्हें अलविदा कह ना पाएंगे ..........

# ऐ ज़िंदगी

ज़िंदगी से हारना नहीं यूं मुंह मोड़ कर
मुश्किल सफर भी कट जायेगा हंसते -मुस्कुराते
ज़िंदगी से हारना नहीं यूं मुंह मोड़ कर........

आयें कांटे जीवन के सफर में हज़ारों
नहीं डरना उन कांटों से कभी भी
फ़तह करना मंज़िल को तुम सदा
मुश्किल सफर कट जायेगा यूंही हंसते-मुस्कुराते
ज़िंदगी से हारना नहीं यूं मुंह मोड़ कर............

मन बड़ा चंचल है, मन को दृढ़ तुम बनाना
हारा है मन यदि तेरा, हार जायेगा ये जग सारा
मन को दृढ़ बना ले, मुश्किल सफर कट जायेगा यूंही हंसते-मुस्कुराते
ज़िंदगी से हारना नहीं यूं मुंह मोड़ कर......

मुसाफिर मिलेंगे अनेकों जीवन के इस पथ पर
कोई जीवन का हिस्सा बनेगा, कोई दर्द का कारण होगा तेरा
नहीं दुखी होना उस दर्द से कभी भी
मुश्किल सफर कट जायेगा यूंही हंसते-मुस्कुराते
ज़िंदगी से हारना नहीं यूं मुंह मोड़ कर......

कभी जीत कभी हार तुझे सतायेगी
कभी खुशी, कभी गम भी रुलायेंगे
कभी वसंत, कभी पतझड़ भी आयेंगे
कभी शीतल पवन, कभी तूफ़ान भी हरायेंगे
ना टूटना कभी उनके डर से
मुश्किल सफर कट जायेगा यूंही हंसते-मुस्कुराते
ज़िंदगी से हारना नहीं यूं मुंह मोड़ कर......

# वक्त की धारा

वक्त की ये धारा ना रुकती है कभी, चलती ही जाती ना थमती कभी
याद रह जाता है गुज़रा ज़माना, वक्त की धारा आगे बढ़ती ही गई
वक्त की ये धारा ना रुकती कभी..........

वो बचपन में जो मां का दुलार था, वो यादों की झुरमुट बनकर रह गई है कहीं
बहुत याद आता है गुज़रा जमाना मुझे, वक्त की धारा आगे बढ़ती ही गई
वक्त की ये धारा ना रुकती है कभी.......

वो पाठशाला के दिन भी बहुत खूब थे, थोड़े सख़्त थोड़े रंगीन थे
बहुत याद आती हैं सखियों की टोली मुझे, ये यादें बस यादें ही रह गई कहीं
वक्त की ये धारा ना रुकती है कभी.......

ओढ़ा मैंने दुल्हन के लिबास को, छूट गए सारे अपने कहीं
ज़िम्मेदारियों की चुनर ओढ़कर, वक्त की धारा में मैं बहती गई
सजाएं थे सपने बहुत, पर कुछ टूटे, कुछ खूबसूरत यादें बन गए
पल-पल चुनौतियां मिलती रही और वक्त की धारा चलती ही गई,
वक्त की ये धारा ना रुकती है कभी.......

कभी खुशियों की किलकारियों को पाया, कभी अपनों को खोने की टीस थी
खट्टी-मीठी यादों का कारवां चलाता ही गया, पर वक्त की धारा ना रुकी थी कभी
वक्त की ये धारा ना रुकती है कभी.......

समय आगे बहुत आगे बढ़ता गया, और यौवन पल-पल ढलता गया
वक्त ने दिखाई ना जाने कितनी तस्वीरें, पर वक्त ना रुका कभी भी कहीं
वक्त की ये धारा ना रुकती है कभी.......

# डाकिया संदेशा लाया

डाकिया संदेशा लाया तेरे नाम का
तेरे प्यार का पिया तेरे प्यार का
डाकिया संदेशा लाया तेरे नाम का .............

सजनी बिन तेरे सूनी-सूनी रातें है
सूना है मेरे दिल का जहां
चली आ तू मेरी सजनी यहां, बिन तेरे सूना ये जीवन मेरा
डाकिया संदेशा लाया तेरे नाम का .............

सावन भी आया है पर तू है कहां
तुझ बिन सूनी है बरखा यहां
तेरा इंतज़ार देखूं सुबह से शाम तक
चली आ तू मेरी सजनी यहां, बिन तेरे सूना ये जीवन मेरा
डाकिया संदेशा लाया तेरे नाम का .............

सांसों में तेरा ही नाम बसदा, दिल में तेरा ही प्यार बसदा
चल लौट आ तू मेरे वास्ते, तेरे बिन नहीं ये दिल लगता
डाकिया संदेशा लाया तेरे नाम का .........

बिन तेरे मैं भी अधूरी हूं, जैसे सांसे बिन ये तन है पिया
बस आती हूं मैं तेरे वास्ते, डाकिया ये पैगाम दे आ
डाकिया संदेशा लाया तेरे नाम का .........

# ऐ ज़िंदगी

ये ज़िंदगी यूं ही चलती रहे, बिना तूफ़ाँ के यूं ही गुज़रती रहे
ना आयें कभी कोई गम के पल, ये कैसे भी कभी मुंकिन नहीं......

ये ज़िंदगी यूं ही चलती रहे.......

बालपन यूं ही मुस्कुराता रहे, जवानी यूं ही दीवानी रहे
जीवन की संध्या कभी नहीं ढले, ये कैसे भी कभी मुंकिन नहीं
ये जिंदगी यूं ही चलती रहे.........
नहीं आएँ सागर में लहरें कभी, नदियां की धारा ना विपरीत बहे
हवाएं कभी नहीं रुख़ मोड़ ले, ये कैसे भी कभी मुंकिन नहीं......

ये ज़िंदगी यूं ही चलती रहे........

जीवन की कश्ती ना भवर में फंसे, नैनों से आंसू कभी ना बहे
सुख ही सुख ज़िंदगी में रहे, ये कैसे भी कभी मुंकिन नहीं
ये ज़िंदगी यूं ही चलती रहे........

धूप ना सताए कभी, राते ना डराएं कभी, दुख की घटा ना आए कभी
मेघा सदा सुख देती रहे, ये कैसे भी कभी मुंकिन नहीं
ये ज़िंदगी यूं ही चलती रहे............

ये जीवन है सुख-दुःख का मेला, आता-जाता है जीवन का रेला
कुछ भी कभी ठहरता नहीं है, बनता और बिगड़ता है जीवन का मेला
सब कुछ सदा स्थायित्व रहे, कैसे भी कभी मुंकिन नहीं
ये ज़िंदगी यूं ही चलती रहे.............

# उम्र बढ़ती गई

उम्र बढ़ती गई, चेहरे की रंगत बदलती गई
अब आईना भी कुछ कहने लगा, वक्त पंख लगाकर उड़ने लगा
कल तक जो आईने में नूर था, अब सिलवटों से भरा चेहरा दिखने लगा
फूलों से जो खुशबू महकती थी सदा, अब मुरझाया सा चेहरा दिखने लगा
वक्त पंख लगाकर उड़ने लगा, तन दिनोदिन थकने लगा
कल तक जो तनकर चलते थे हम, आज झुके हुए से चलते हैं हम
चेहरे की लालिमा जाने लगी, अपोल गालों में धसने लगे
वक्त पंख लगाकर उड़ने लगा, तन-मन सब अब थकने लगा
व्यस्त थे हम जवानी के जोश में हम, ढलती उम्र में हम तन्हा रहने लगे
अकेले मुरझा गई मन की कलियां, वक्त पंख लगाकर उड़ने लगा
उम्र बढ़ती गई, जवानी ढलती गई
थकता ये तन कहता सदा
ये उम्र का सबसे मुश्किल दौर है
अकेला और तन्हा है अब जीवन अपना
ईश्वर ही एक सहारा है अब
उम्र बढ़ती गई, जीवन की परीक्षाएं बढ़ती गई..................

# ऐ ज़िंदगी

ऐ ज़िंदगी तू इतनी बेदर्द क्यों है, क्यों तू सबको अपनी ऊंगली पर नचा रही है ?
क्यों किसी को हंसकर रुला रही है, किसी को रोकर हंसा रही है?
ऐ ज़िंदगी तू इतनी बेदर्द क्यों है??
किसी के ख़्वाबों को हकीकत कर रही है तो क्यों किसी के ख्वाब को, सपना ही बना रही है?

ऐ ज़िंदगी तू इतनी बेदर्द क्यों है?
कोई मुट्ठी भर अनाज के लिए तरस रहा है तो कोई क्यों भर थाली होने पर भी बेबस हो रहा है?
ऐ ज़िंदगी तू इतनी बेदर्द क्यों है?
कोई ज़िंदगी की ऊंची उड़ान उड़ रहा है, तो कोई क्यों पग-पग चलने के लिए तरस रहा है?
ऐ ज़िंदगी तू इतनी बेदर्द क्यों है?
क्यों कोई अपनो के लिए तरस रहा है और क्यों कोई अपनों से ही लड़ रहा है?
ये ज़िंदगी भी कितनी अजीब है, जिसके पास सब है उसको उसकी कद्र नहीं, और जिसके पास कुछ नहीं वो कैसे तड़प रहा है?
ऐ ज़िंदगी तू इतनी बेदर्द क्यों है?
किसी को फूलों की सेज पर सजा रही है तो किसी को अर्थी पर सुला रही है
ये ज़िंदगी भी कितनी अजीब है एक तरफ मिलन है दूजे पल जुदाई है
ऐ ज़िंदगी तू इतनी बेदर्द क्यों है?
किसी का जीवन सुनहरे ख़्वाबों सा सजा है तो कोई क्यों हर पल संघर्ष कर रहा है
ये ज़िंदगी भी कितनी अजीब है, किसी को बहुत कुछ देती है तो किसी का सब छीन लेती है
किसी की आंखों में खबाब हैं पर सब अधूरे रह गए, किसी को बिना मांगे ही दुनिया के सब सुख मिल गए
ऐ ज़िंदगी तू इतनी बेदर्द क्यों है?

# बाबुल की गलियां

याद आती हैं बाबुल की गलियां मुझे, याद आता है गुज़रा ज़माना मुझे
कहां खो गए हैं वो गुज़रे हुए पल, याद आता है मां का आंचल मुझे
याद आती हैं बाबुल की गलियां मुझे.................................

ना कोई चिंता, ना कोई फ़िक्र, हर गम से बेगाना वो बचपन ही था
कहां खो गया है वो लाड-दुलार, खो गया है गुज़रा ज़माना कहां
याद आती हैं बाबुल की गलियां मुझे...............

कई सपने थे आखों में सुंदर सजे, दिल में उमंग और तरंग को लिए
वक्त की रेत में खो गए सपने कहीं, याद आते हैं वो सुनहरे पल कहीं
याद आती हैं बाबुल की गलियां मुझे...............

थिरकते नहीं थे पैर ज़मीं पर कहीं, आसमां में उड़ने की चाहत थी कहीं
वक्त के प्रवाह में पंख घायल हुए, याद आते हैं गुज़रे हुए पल कहीं
याद आती हैं बाबुल की गलियां मुझे...............

छूटे सारे अपने रिश्ते कहीं, एक अजनबी अब अपना हो गया
नए अरमां सजे, ख़्वाब सुनहरे बुने, नवीन जीवन का आरंभ हुआ
मां का छूट आंचल गया, याद आता है बाबुल का साया मुझे
याद आती है बाबुल की गलियां मुझे...............

# चित्रकार कौन

चंचल सी धारा, ये शोख हवाएं, झुका आसमां
ये सूरज की किरणें, ये बारिश की बूंदे, ये हंसी वादियां
कौन सी कलम से बनाई तूने है ये दुनिया ..............

नीला अंबर, खिलता कमल, मुस्कुराते अधर
निर्झर से झरने, महके है बगिया, चहके गगन
कौन सी कलम से बनाई है तूने ये दुनिया....

अंबर में चंदा, तारों की लड़ी, बिखरी है धरती पर चांदनी
गरजते बादल, बरसती मेघा, अद्भुद ये सौंदर्य तूने रचा
कौन सी कलम से बनाई है तूने ये दुनिया.......

हिमशिखरों की शृंखला, पर्वतों की चोटियां
धरती चूमे गगन, माटी के कितने हैं रंग, अद्भुद सौंदर्य ये तूने रचा
कौन सी कलम से बनाई है तूने ये दुनिया....

सांसों का चलना, मिलकर-बिछड़ना, फिर पुनः जीवन का मिलना
जीवन-मृत्यु की ये कैसी अद्भुद है रचना
कौन सी कलम से की है तूने ये सिरजना......

पतझड, सावन, वसंत-बहार के सुंदर रंग रचे
भिन्न-भिन्न प्रतिमाओं को कलाओं के रूप दिए
बनती-बिगड़ती दृष्टि के कितने रूप दिए
कौन सी कलम से बनाई है तूने ये दुनिया......

# सीमित दायरा

मैं वो नहीं जो तुमने मुझे बनाया है, मुझे तुमने मेरा ही दायरा समझाया है
खुद हर रस्मों-रिवाजों से परे, तुमने हमे ज्ञान का पाठ सिखाया है
अब तुम मेरे संग बंधी शादी के बंधन में, इसलिए मुझ पर हर हक जताया है
मैं वो नहीं जो तुमने मुझे बनाया है........

चूड़ी, बिंदी मांग की शोभा है तेरी, यही कहके हर किसी ने मुझे समझाया है
पुरुषों की वेशभूषा सेम वही, क्यूंकि वो हमे बियाकर लाया है
साड़ी, सूट, स्कर्ट-टॉप इन सबका फ़र्क केवल हमे सिखाया है
मैं वो नहीं जो तुमने मुझे बनाया है........

बहू हूं बेटी नहीं, पल-पल अहसास कराया है
सास-ससुर की सेवा करना यही फर्ज हमे बताया है
क्यों पुरुष नहीं लड़की के माता-पिता को अपनाते हैं, क्यों उनके बेटे बनकर नहीं रह पाते हैं?
मैं वो नहीं जो तुमने मुझे बनाया है........

विवाह के बाद बदल जाता है आस्तित्व नारी का, क्यों पुरुष नहीं स्वीकार कर पाता है वजूद नारी का
क्यों पुरुषों से ही पहचान है नारी की, क्यों खत्म हो जाती है हर आज़ादी नारी की
मैं वो नहीं जो तुमने मुझे बनाया है........

मैं शक्ति थी, फिर क्यों समझाया कि कमज़ोर हूं मैं?
मैं जननी, ममतामय मां, जीवन का आधार हूं, फिर क्यों निराधार बताया है?
मैं वो नहीं जो तुमने मुझे बनाया है........

# ऐ ज़िंदगी

ज़िंदगी रोकर ही शुरू, रोकर ही खत्म,
ना शिकवा तू है कर, ना गिला तू है कर
ज़िंदगी क्या है, दो गज कफन में सिमट जायेगी
तेरे जाने के बाद तेरी तस्वीर धुंधली हो जायेगी
रह जायेगी क्या बस तेरी यादें और तेरे कर्म
ना शिकवा तू है कर, ना गिला तू है कर
ज़िंदगी रोकर ही शुरू, रोकर ही खत्म.......

ना दुखा दिल किसी का, मेरे साथिया
मुस्कुराहट के पल किसी को तू दे दे ज़रा
बांट ले किसी का दुःख, दे खुशियां उधार
ना शिकवा तू है कर, ना गिला तू है कर
ज़िंदगी रोकर ही शुरू, रोकर ही खत्म......

ये जीवन एक दिन खत्म हो जायेगा
तेरी यादों का फलसफा बस साथ रह जायेगा
उम्मीद का दीपक बनकर तू जल
फैला दो अपनी रोशनी सरे आम तुम
ना शिकवा तू है कर, ना गिला तू है कर
ज़िंदगी रोकर ही शुरू, रोकर ही खत्म......

खाली हाथ आया था जग में, खाली हाथ ही जायेगा
कर्मों की पिटारा ही संग तेरे जायेगा
बना तू खुद को ऐसा मेरे साथिया
जब तू जाए हंसता जाए जग से
रोए सारी दुनिया जब तू विदा हो साथिया
ना शिकवा तू है कर, ना गिला तू है कर
ज़िंदगी रोकर ही शुरू, रोकर ही खत्म......

# अधूरा तन, अधूरी सांसे

क्यों दिया अधूरा है ये तन, क्यों दी है अधूरी ये सांसे
क्या खता हुई है मुझसे, क्यों दी है मुझे ये सज़ाएं
क्यों दिया अधूरा है ये तन...............

मेरे मन में जलजला उठा है, क्यों मुझे दूसरों पर आश्रित किया है
क्या खता हुई मुझे तू बता दे, क्यों दी है मुझे ये सज़ाएं
क्यों दिया अधूरा है ये तन...............

कुंठित है सोचकर मेरा मन, क्यों नहीं हूं मैं दूसरों के जैसा
मैं भी काम आना चाहता हूं किसी के, मैं भी देना चाहता हूं किसी को जीवन
पर क्या करूं मैं इस अधूरे तन का, जो खुद के भी ना काम आए
क्यों दी है मुझे ये सज़ाएं, हे कृष्ण मुझे तू बता दे
क्यों दिया अधूरा है ये तन...............

छुप-छुपकर रोती है मेरी मां, कहती है क्यों उसको दिया इतना कष्ट कृष्णा
आ जाए उसके सारे दुःख मेरे भाग्य में, उसे दे तू कृष्णा दुनिया की खुशियां
काश उसका हो जाए तन पूरा, और मुझे मिल जाएं ये सब सज़ाएं
ना देख पाती हूं अपने लाल को दुःख, क्यों दी है उसे ये सज़ाएं
क्यों दिया अधूरा है ये तन...............

मैं भी अपनें माता-पिता की सेवा करना चाहता हूं, दूध का क़र्ज़ उतारना चाहता हूं
पर क्या करूं इस अधूरे तन से, क्यों कृष्ण तुमने दी है ये सज़ाएं?
हर दिन है तिल-तिल कर मरना, हर रात है रो-रो कर है गुज़ारना
सांस-सांस मेरी ये कहती, क्यों मुझे मिली है ये सज़ाएं
क्यों दिया अधूरा है ये तन...............

# बदलते ज़िंदगी के लम्हे

बदलते हैं मौसम, बदलते हैं रिश्ते, बदलते हैं जीवन के पन्ने
कुछ भी सदा ठहरता नहीं है, ठहरते नहीं है जीवन के लम्हें
बदलते हैं मौसम, बदलते हैं रिश्ते................

ठहरती नहीं है नदियां की धारा, ठहरती नहीं है सागर की लहरें
बदलती ही जाती हैं सागर की मौजे, बदलते हैं हर एक लम्हें
बदलते हैं मौसम, बदलते हैं रिश्ते................

बालपन से यौवन, यौवन से बुढ़ापा, हर पल है जीवन बदलता
फिर पुराने वस्त्रों को छोड़ कर नए वस्त्र है वो पहनता
मिलता है जीवन पर ठहरता नहीं है, फिर माटी में है मिल जाता
कुछ भी सदा ठहरता नहीं है, ठहरते नहीं है जीवन के लम्हें
बदलते हैं मौसम, बदलते हैं रिश्ते ...........

जिस मां के आंचल बचपन गुज़ारा, वो भी नहीं साथ रहता
छूट जाते है संगी साथी सभी, छूट जाते हैं रिश्ते-नाते
खून के रिश्ते पल भर में छूटे, नए रिश्ते हैं बन जाते
कुछ भी सदा ठहरता नहीं है, ठहरते नहीं है जीवन के लम्हें
बदलते हैं मौसम, बदलते हैं रिश्ते...........

दुःख भी ना ठहरे, सुख भी ना ठहरे, ठहरें है ना मौज-बहारें
सूरज भी संध्या में मिल जाए, और चंदा भी सूरज की लालिमा में खो जाए
कुछ भी सदा ठहरता नहीं है, ठहरते नहीं हैं जीवन के लम्हें
बदलते हैं मौसम, बदलते हैं रिश्ते...........

मेघा ना ठहरें, ना ठहरें है तूफ़ाँ, ना ठहरे है मौसम कभी भी
ना सर्दी है ठहरें, ना ठहरें गर्मी कभी भी, ना ठहरे है वसंत और पतझड़
कृष्णा ने सब कुछ नश्वर बनाया, बदलता हुआ हर लम्हा बनाया
बदले सब कुछ, पर तुम खुद को ना बदलना, नेकी से जीवन चलाना
इस जीवन की यात्रा पर कब ये काम आएं, जब बदले हैं ये जहां सारा
बदलते हैं मौसम, बदलते हैं रिश्ते...........

# ऐ ज़िंदगी

ज़िंदगी तुम इतनी हसीन थी इतनी बेरुख़ी कैसे हो गई
छीन कर सकून-ए-दिल का, दर्द की लहरों में क्यों बदल गई
ज़िंदगी तुम इतनी हसीन थी.........

फूलों सी खिलती थी तुम, कांटों में क्यों तब्दील हो गई
छीन कर सकून-ए-दिल का, दर्द की लहरों में क्यों बदल गई
ज़िंदगी तुम इतनी हसीन थी.........

तेज़ रफ़्तार सी चलती थी तुम, क्यों थम गई ऐ ज़िंदगी
छीन कर सकून-ए-दिल का, दर्द की लहरों में क्यों बदल गई
ज़िंदगी तुम इतनी हसीन थी.........

धूप सी खिलती थी तुम, तम में क्यों कहीं खो गई
छीन कर सकून-ए-दिल का, दर्द की लहरों में क्यों बदल गई
ज़िंदगी तुम इतनी हसीन थी.........

चिड़ियां सी चहचहती थी तुम, क्यों खामोशी की चादर ओढ़ ली
छीन कर सकून-ए-दिल का, दर्द की लहरों में क्यों बदल गई
ज़िंदगी तुम इतनी हसीन थी.........

सतरंगी रंगों से सजी थी ये ज़िंदगी, कोरे काग़ज़ सी रह गई
छीन कर सकून-ए-दिल का, दर्द की लहरों में क्यों बदल गई
ज़िंदगी तुम इतनी हसीन थी.........

दूर गगन में उड़ती थी मैं, घायल पंछी सी तड़पती रह गई
छीन कर सकून-ए-दिल का, दर्द की लहरों में क्यों बदल गई
ज़िंदगी तुम इतनी हसीन थी.........

हरियाली सी छाई रहती थी जीवन में, रेगिस्तान में क्यों ढल गई
छीन कर सकून-ए-दिल का, दर्द की लहरों में क्यों बदल गई
ज़िंदगी तुम इतनी हसीन थी.........

ज़िंदगी तुझसे क्या गिला करें, खुद से ही शिकायतें बहुत हैं
हमने तो खूबसूरत सी देखी थी ज़िंदगी, क्यों पीर के आगोश में सिमट गई
छीन कर सकून-ए-दिल का, दर्द की लहरों में क्यों बदल गई
ज़िंदगी तुम इतनी हसीन थी.........

# जीवनसाथी

ख्वाब सजे, तस्वीर बसी, होठों पर एक कहानी रची
संग तेरे जीने मरने की, दिल में एक चाहत सी जगी
ख्वाब सजे.........

हर नगमे में तेरी चाहत है, तेरी बातों से मुझे राहत है
होठों पर तेरी ही बातें है, साथ जीने-मरने के इरादे हैं
ख्वाब सजे, तस्वीर बसी, होठों पर एक कहानी रची.......

मन के दर्पण में तेरी ही तस्वीर सजी
अखियों के झरोखों में तेरी ही तस्वीर बसी
मेरे हर सुर की तू सरगम है, संग तेरे प्रेम की ज्योत जली
ख्वाब सजे, तस्वीर बसी, होठों पर एक कहानी रची.......

हर स्वप्न में तेरा ही ख्वाब सजा
दिल के अरमानों में तेरा अरमान बसा
मेरा ख्वाब भी तू, मेरा साज़ भी तू, संग तेरे जीना-मरना है
ख्वाब सजे, तस्वीर बसी, होठों पर एक कहानी रची.......

हर कहानी तेरे साथ रची, दिल में तेरी ही याद बसी
अरमानों की सेज पर संग तेरे प्रीत जुड़ी
मेरी प्रीत भी तू, मेरा गीत भी तू, संग तेरे ये जीवन है
ख्वाब सजे, तस्वीर बसी, होठों पर एक कहानी रची........

# धुंधले रिश्ते

धुंधली सी झलक तेरी, धुंधला सा खयाल तेरा
कहीं गुम हो गए हो तुम, बादलों की धुंध में गहरे
धुंधली सी झलक तेरी........

ख़्वाबों ख्यालों में एक अफसाना बन गए हो
दूर चांद की रोशनी में कहीं गुम हो गए हो
धुंधली सी झलक तेरी, धुंधला सा खयाल तेरा........

तेरी बातें यादें बन रह गई है, धुंधली सी तेरी तस्वीर हो गई है
सपनों में भी तू कहीं आता नहीं नज़र है
अधूरी संग तेरे कहानी रह गई है
धुंधली सी झलक तेरी, धुंधला सा खयाल तेरा........

ढूंढते हैं तुझको मन की नगरी में हम
ढूंढते हैं तुझको सूनी अखियों में हम
सूरज की किरणों में कहीं गुम हो गए हो
धुंधली सी झलक तेरी, धुंधला सा खयाल तेरा........

रोशन था साथ अपना, दिया बाती सा साथ था
गुम हो गया साथ अपना वक्त की पनाह में
गुमनाम हैं हम तुम, गुमनाम है ये रिश्ता
धुंधली सी झलक तेरी, धुंधला सा खयाल तेरा........

# बचपन

बचपन कितना सुंदर होता, ये मैंने अब जाना है
तितली सा उड़ता है वन-वन, ये मैंने अब माना है
बचपन कितना सुंदर होता...........
चुलबुला सा हंसता-मुस्कुराता, अपने ही सुर में गुनगुनाता
छोटी-छोटी ज़िद को करता, हंसता मुस्कुराता बचपन होता है
बचपन कितना सुंदर होता ...........

हर चिंता से बेगाना, मां की उँगली थामे है बचपन होता
पिता के कंधे दुनिया देखें, बड़ा सुहाना है बचपन होता
बचपन कितना सुंदर होता...........

सुंदर-सुंदर सपने देखें, रंग-बिरंगे खिलौने संग खेले
संगी साथी संग मस्ती करता, बड़ा सुहाना है बचपन होता
बचपन कितना सुंदर होता ...........

जीवन की तपिश से अनजाना, छांव में गुज़रा बचपन होता
बारिश में वो नाव चलाना, बड़ा सुहाना है बचपन होता
बचपन कितना सुन्दर होता...........

छप-छप करता, परिंदा बन उड़ता, रोता-धोता पैर पटकता
अपनी हर ज़िद मनवाता, इतराता-इठलाता, बड़ा सुहाना है बचपन होता
बचपन कितना सुंदर होता...........

# जीवन साथी

मन से मन का हुआ मिलन, सांसों से सांसों की डोरी बंधी
दिल से दिल के तार जुड़े, जैसे शिव शक्ति में समाहित हुए
मन से मन का हुआ मिलन.............

जन्मों-जन्मों के बंधन में बंधकर, एक दूजे के हो गए
सुख-दुःख सब साझे कर, दिया बाती से वो जल उठे
मन से मन का हुआ मिलन...........

दो तन नहीं केवल दो आत्माओं का हुआ मिलन
प्रीत की डोर से ऐसे बंधी, धरती अंबर में खो गए
मन से मन का हुआ मिलन...........

बादल बिन बारिश ना हो, तुझ बिन पिया मैं नहीं
छाया हूं मैं तेरी, साया बनकर तुम चलते हो
हर कदम है साथ तेरा, मरते दम तक ये डोरी है
मन से मन का हुआ मिलन...........

मैं गगरी हूं तेरे पनघट की तूने अपने जल से सींचा है
हर सुख दुःख में साथ चल मुझे अपने रंग में रंगा है
मन से मन का हुआ मिलन...........

तुझ बिन मैं निष्प्राण पिया, जैसे जल बिन मछली ना रहे
ये सांसों तक की डोरी है जो मरते दम तक ना मिटे
मन से मन का हुआ मिलन...........

# दहेज़ प्रथा एक अभिशाप

आसमां से आई एक नन्ही कली,
परियों के देश से आई एक नन्ही परी!!!
फूल खुशियों के खिले, गुलज़ार हुई बगिया मेरी
परियों के देश से आई एक नन्ही परी!!!
फूल खिले खुशियों के जीवन महक उठा
बगिया में एक नया फूल, खुशियों का खिल गया
चिड़िया बनके चहचती थी घर के आंगन में वो
मेरे दिल का टुकड़ा, मेरी वो थी पूंजी
अब अरमानों की दहलीज़ पर खड़ी थी बिटिया मेरी
देखे थे हसीन सपने उसने खुली आंखों से
यौवन की दहलीज़ पर खड़ी होकर के वो
पिता के जैसा साथी वो भी चाहती थी
अपनी दुनिया को वो भी गुलज़ार करना चाहती थी
परियों के देश से आई एक नन्ही परी.....

सात फेरों के सातों वचनों में बंधी बिटिया मेरी
चांद तारों के जोड़े में सजकर विदा हुई मेरी परी
अरमानों की सेज पर सजाई थी दुनिया उसने
झिलमिल सितारों से सजाया घरौंदा था
जल्द ही बादलों में छुप गया सपना उसका
अब प्रेम में धिक्कार, तृष्णा दिखती थी
खुद वो जीती थी आत्मा उसकी रोती थी
दहेज की मांग में खो गया घरौंदा उसका
लालच की बुनियाद पर खड़े ज़ालिम वो
ना जानें कितने सितम कर रहे थे वो
लाख ज़ुल्म सहके भी ना मुख उसने खोला था
अपनी पीड़ा का ज़हर खुद ही उसने पिया था

फिर आग की लपटों में झुलस गई ज़िंदगी उसकी
लड़ रही थी मौत से वो, तिल-तिल हर सितम सह रही थी
मुझे हर दुःख से अनजान रखा उसने
फिर हर दर्द सहकर मौत को गले लगाया उसने
पर सिर ना उसने झुकने दिया मेरा, सिर ना उसने झुकने दिया मेरा
चांद तारों में खो गई आज गुड़िया मेरी
मेरा गुरुर थी बिटिया मेरी, आज छिन गई ज़िंदगी मेरी
जिन हाथों से पाला पोसा उसको,
आज उन हाथों में मृत मेरी बेटी है
चांद सी मेरी बिटिया, चांद तारों में खो गई है
मैंने रोता-बिलखता पूछा ज़ालिमों से
अपने जीवन की पूंजी तुमको मैंने सौपी थी
लक्ष्मी थी तुम्हारे घर आंगन की
सुबह की भोर, रात की चांदनी थी तेरे जीवन की
समर्पण, अर्पण किया तन-मन उसने था
अर्धांगिनी तेरी थी, फिर कैसे बलि चढ़ा दी उसकी
सात फेरे लिए संग जिसके,
साथ जीने-मरने की कसमें खायी थी
फिर कैसे अग्नि में आहुति दे दी उसकी?
कैसे इंसान से हैवान बन गए तुम?
कैसे ना रूह कांपी तेरी थी?
दिया उसने चिराग तेरे कुल का
फिर क्यों बुझा दी लो उसके जीवन की?
जब वो स्वयं एक पूंजी है
फिर क्यों पूंजी के लिए मिटा दी ज़िंदगी उसकी?

# तू सागर की लहरें

तू सागर की लहरें, मैं नदिया का पानी
हमारी तुम्हारी एक ही है कहानी
तू सागर की लहरें............

तू भी है बहता, मैं भी हूँ बहती
एक दूजे में मिलना यही है ज़िंदगानी
हमारी तुम्हारी एक ही है कहानी
हमारे तुम्हारे रास्ते अलग हैं
बस मंज़िल एक है यही है ज़िंदगानी
तू सागर की लहरें............

हम एक दूजे बिन बिल्कुल अधूरे
अलग अलग बहकर एक दूजे में मिलते
एक दूजे में मिलना यही है ज़िंदगानी
तू सागर की लहरें............

तू आक्रोश जल का, मैं इक शान्त धारा
फिर भी एक दूजे बिना अधूरी हर कहानी
तू सागर की लहरें............

# नारी शक्ति

धरा से अंबर तक तेरी ही कहानी
तू ही ममता, शक्ति नदिया का बहता पानी
धरा से अंबर तक तेरी ही कहानी
तू ही भक्ति, मुक्ति पृथ्वी सी भारी
तू नम्रता, विनम्रता तू ही करुणा का गागर
तेरे आंचल में दूध और आँखों में पानी
धरा से अंबर तक तेरी ही कहानी
तू ही माटी की खुशबू, कोमल कली,
इत्र की महक है
तू ही चंचल, दामिनी, अग्नि सी जलती
तू ही दुर्गा, काली, सरस्वती का रूप है
धरा से अंबर तक तेरी ही कहानी
तू ही जननी, माता, अन्नपूर्णा है घर की
विधाता की अद्भुद रचना, अनुपम सौंदर्य है तू
माता, बहन, पत्नी प्रथम उड़ान है जीवन की
धरा से अंबर तक तेरी ही कहानी गुरु, तू ही है देवी
अमृतधार तेरे देह में है बसती
झुकते हैं तेरे आगे स्वयं ईश्वर भी
तेरे आंचल में दूध और आँखों में पानी
धरा से अंबर तक तेरी ही कहानी
तू ही है गैय्या, हर कृष्णा की है मैय्या
तू ही है हर जीवन की खिवैया
तेरे आंचल में दूध और आँखों में पानी
धरा से अंबर तक तेरी ही कहानी

# मुसाफिर हूं

मैं हूं रात भर का मुसाफ़िर, सुबह उड़ जाना है
ना जाने कितनी परिक्षा देकर बस चले जाना है
मैं हूं रात भर का मुसाफ़िर...........

ये जीवन क्या है सुख दुखका मेला है
हर सुख-दुःख सहकर के सुबह उड़ जाना है
मैं हूं रात भर का मुसाफ़िर............

करता हूं जो कर्मों को मैं, बस वही साथ जाना है
जीवन-मरण की कश्ती में बैठकर उस पार जाना है
मैं हूं रात भर का मुसाफ़िर............

एक डाल का पंछी मैं, जतन कर घरौंदा बनाता हूं
फिर रात भर रेन बसेरा कर, सुबह उड़ जाना है
मैं हूं रात भर का मुसाफ़िर............

दिल ना दुखाना किसी का, क्यूंकि यादें रह जाती हैं
कड़वी-मीठी यादों की छाप छोड़, सुबह उड़ जाना है
मैं हूं रात भर का मुसाफ़िर............

# ऐ ज़िंदगी

ज़िंदगी का नज़रिया बदल कर तो देखो, बारिश में भीग कर तो देखो
सुकून-ए-दिल तुझे आ जायेगा, ज़रा दीपक सा जलकर तो देखो
ज़िंदगी का नज़रिया बदल कर तो देखो.......

मैं बहुत खूबसूरत हूं खुद से खुद को कहकर तो देखो
सुकून-ए-दिल तुझे आ जायेगा, खुद के लिए जीकर तो देखो
ज़िंदगी का नज़रिया बदल कर तो देखो.......

सुख-दुख के मौसम में भी सदा मुस्कुराकर तो देखो
सुकून-ए-दिल तुझे आ जायेगा, दूसरे के चेहरे पर मुस्कान लाकर तो देखो
ज़िंदगी का नज़रिया बदल कर तो देखो.......

कांटों के पथ पर सदा संभलकर चलना तो सीखो
सुकून-ए-दिल तुझे आ जायेगा, सदा फूलों सा खिलकर तो देखो
ज़िंदगी का नज़रिया बदल कर तो देखो.......

एक दुनिया में बेज़ुबां बहुत हैं, तमामो दुख सहते बहुत हैं
सुकून-ए-दिल तुझे आ जायेगा, उनके ज़ख़्म का मरहम बनकर तो देखो
ज़िंदगी का नज़रिया बदल कर तो देखो.......

छाया अंधेरा जो तेरे मन में, जलाओ एक दीप अपने जीवन में
सुकून-ए-दिल तुझे आ जायेगा, जुगनू सा अंधियारा मिटाकर तो देखो
ज़िंदगी का नज़रिया बदल कर तो देखो.......

सदा मुस्कुराओ, मुस्कुराते रहो, हर संकट का डटकर सामना करते रहो
सुकून-ए-दिल तुझे आ जायेगा, मुसीबत में भी दूसरों का सहारा बनो
ज़िंदगी का नज़रिया बदल कर तो देखो.......

देखो गौर से और समझो जरा, कृष्ण ने ये हमको जीवन दिया
कर्मों से जो कष्ट हमको मिले, उनसे उभरने का रास्ता दिया
सुकून-ए-दिल तुझे आ जायेगा, कभी किसी भटके मुसाफिर की मंज़िल तुम बनो
ज़िंदगी का नज़रिया बदल कर तो देखो.......

# कोरी मेरी कहानी है

कोरा लम्हा, कोरा पन्ना, कोरी अब ज़िंदगानी है
कोरी-कोरी सांसे मेरी, कोरी मेरी कहानी है
कोरा लम्हा, कोरा पन्ना...........

रंगीन स्याही से लिखे थे लम्हें, पल में कोरे रह गए
रंग-बिरंगे लम्हें मेरे, बारीश में कहीं बह गए
कोरे हैं अब लम्हें मेरे, कोरी मेरी कहानी है
बीती यादें धुंधली मेरी, कोरी अब मेरी जवानी है
कोरा लम्हा, कोरा पन्ना...........

पग-पग है कितने कांटें तन को घायल करते हैं
कोरे जीवन के पन्नों को कांटों से छलनी करते हैं
मन के किसी कोने में पीड़ा बनकर रहते हैं
कोर-कोरे जीवन के लम्हें, कोरी मेरी कहानी है
कोरा लम्हा, कोरा पन्ना...........

बीते लम्हें याद सुनहरी क्षण-क्षण व्याकुल करते हैं
नैनों में रिमझीम-रिमझिम आसूं बनकर बहते हैं
अब बिखरे मोती से हैं पन्ने, बिखरे मोती से हैं लम्हें
बिखरा मन का कोना-कोना, बिखरी मेरी कहानी है
कोरा लम्हा, कोरा पन्ना...........

# मैं वो नहीं जो तुमने मुझे बनाया है

मैं वो नहीं जो तुमने मुझे बनाया है, मुझे तुमने मेरा ही दायरा समझाया है
खुद हर रस्मों-रिवाजों से परे, तुमने हमे ज्ञान का पाठ सिखाया है
अब तुम मेरे संग बंधी शादी के बंधन में, इसलिए मुझ पर हर हक जताया है
मैं वो नहीं जो तुमने मुझे बनाया है........

चूड़ी, बिंदी मांग की शोभा है तेरी, यही कहके हर किसी ने मुझे समझाया है
पुरुषों की वेशभूषा सेम वही, क्यूंकि वो हमे बियाकर लाया है
साड़ी, सूट, स्कर्ट-टॉप इन सबका फ़र्क केवल हमे सिखाया है
मैं वो नहीं जो तुमने मुझे बनाया है........

बहू हूं बेटी नहीं, पल-पल अहसास कराया है
सास-ससुर की सेवा करना यही फर्ज हमे बताया है
क्यों पुरुष नहीं लड़की के माता-पिता को अपनाते हैं, क्यों उनके बेटे बनकर नहीं रह पाते हैं?
मैं वो नहीं जो तुमने मुझे बनाया है........

विवाह के बाद बदल जाता है अस्तित्व नारी का, क्यों पुरुष नहीं स्वीकार कर पाता है वजूद नारी का
क्यों पुरुषों से ही पहचान है नारी की, क्यों खत्म हो जाती है हर आज़ादी नारी की
मैं वो नहीं जो तुमने मुझे बनाया है,........

मैं शक्ति थी, फिर क्यों समझाया कि कमज़ोर हूं मैं?
मैं जननी, ममतामय मां, जीवन का आधार हूं, फिर क्यों निराधार बताया है?
मैं वो नहीं जो तुमने मुझे बनाया है........

# मेहंदी

हाथों में लगी ये मेहंदी कहती है, हम तेरे हो गए साजन
तेरे नाम का चूड़ा कहता है, अब हम एक-दूजे के साजन
तेरे बिन अब नहीं हम को जीना, ये जीवन तेरा है साजन
हाथों में लगी ये मेहंदी कहती है...............

ये जीवन अब है तेरे हवाले, सांस-सांस अब है तेरे हवाले
तेरे नाम की बिंदिया कहती है, हम तेरे हो गए साजन
हाथों में लगी ये मेहंदी कहती है..........

हर रस्में अब संग है तेरे, हर वादे है अब संग तेरे
तेरे नाम की चुंदरी कहती है, हम तेरे हो गए साजन
हाथों में लगी ये मेहंदी कहती है..........

हाथों में मिला जो साथ तेरा, मैंने रब को पा लिया
जन्मों-जन्मों के बंधन में मैने तुझको बांध लिया
बालो में लगा ये कजरा कहता है, हम तेरे हो गए साजन
हाथों में लगी ये मेहंदी कहती है..........

भरी जो मांग पिया तूने, हम तुझमें सिमट गए
तेरे रंग में रंग कर हम संग तेरे बंध गए
पैरों की पायलिया कहती है, हम तेरे हो गए साजन
हाथों में लगी ये मेहंदी कहती है..........

# ऐ ज़िंदगी

ऐ ज़िंदगी तू इतना बता, तेरे घर का क्या है पता
रहती है तू किस मोड़ पर, क्या है तेरा ठिकाना बता
ऐ ज़िंदगी तू इतना बता, ..............

तुझसे मिलना है हर हाल में, पर नहीं पता, जाऊं मैं किस मोड़ पर
एक बार तो तू अपना पता बता, आता हूं मैं फिर उस मोड़ पर
ऐ ज़िंदगी तू इतना बता, ..............

तेरे बिन ना रहना गवारा मुझे, जबसे मिला तुझसे हूं मैं
कहां है तेरा आशियाना बता, आता हूं मैं फिर उस मोड़ पर
ऐ ज़िंदगी तू इतना बता, ..............

ढूंढा तूझे मैंने घनी वादियों में, नदियां की धारा में ढूंढा तूझे
बाती बन तू कहां जल रही है, जरा अपने घर का पता तू बता
ऐ ज़िंदगी तू इतना बता, ..............

सावन भी प्यासा है तुझ बिन सनम, ये जीवन भी अधूरा है तुझ बिन सनम
हवाएं भी तेरा पता है पूछे, जरा अपने घर का पता तू बता
ऐ ज़िंदगी तू इतना बता, ..............

मंदिरों में घूमा, गुरुद्वारे गया, तेरे नाम का मैंने सिमरन किया
ईश्वर से पूछा मुझे तू बता, क्या है मेरी ज़िंदगी का पता बता
ऐ ज़िंदगी तू इतना बता..........

क्यों करती हो आंख मिचौली मुझसे सनम, तुम भी हो अधूरी मुझ बिन सनम
मेरी वफ़ा पर तू ऐतबार कर, मेरे संग तू ज़िंदगी बीता
ऐ ज़िंदगी तू इतना बता..........

# यादों का गुलदस्ता

तेरी यादों के गुलदस्तों से तबस्सुम छा जाती है होंठों पर
छलक जाते हैं आँसू नयनों से, मिल जाता है सुकून मन को
तेरी यादों के गुलदस्ते से प्रीत जाग जाती है तन-मन में
होंठ गुनगुनाएं मेरे, नयना नृत्य करे पल-पल
तेरी यादों के गुलदस्तों से तबस्सुम छा जाती है होंठों पर
तेरी यादों के गुलदस्तों से बेचैन है मेरी निंदिया
मिलन को व्याकुल मन मेरा, तुझ बिन सूना मन मेरा
आए मेरी निंदिया में तू, बन के दीवाना बादल
तेरी यादों के गुलदस्तों से तबस्सुम छा जाती है होंठों पर
तेरे पल भर के साथ से महक उठा था जीवन मेरा
तेरे पल भर प्रेम का, नशा छाया है जीवन में मेरे
लग गये है पंख झूम उठा है जीवन मेरा
तेरी यादों के गुलदस्तों से तबस्सुम छा जाती है होंठों पर.....
वो बीते हुए पल फिर आएंगे दुबारा
सोचकर झूम उठता है मन मेरा
काश लौट आएं पल दोबारा
बस पागल मन यही चाहता है
तेरी यादों के गुलदस्तों से तबस्सुम छा जाती है होंठों पर ...

# आंगन में तपती धूप हूं मैं

आंगन की तपती धूप हूं मैं, पल-पल जलती रहती हूं
संघर्षों की भट्टी में तपकर खुद को साबित करती हूं
आंगन की तपती धूप हूं मैं............

चिड़ियां मैं बाबुल के आंगन की दूजे घर को मैं अपनाती हूं
हर क्षण परीक्षा देती हूं, फिर गृहलक्ष्मी कहलाती हूं
आसान नहीं दूजे सांचे में ढलना, फिर भी मोम सी पिघल जाती हूं
दिन रात मैं जलती रहती हूं, बाती सी बन जाती हूं
आंगन की तपती धूप हूं मैं............

आंगन की छांव हूं मैं, और धूप की चुंदर ओढ़े हूं
तपना मेरी नियति है, नित निरंतर जलती रहती है
आधार हूं तेरे जीवन का, पर खुद निराधार हूं मैं
आंगन की तपती धूप हूं मैं............

पेड़ पर लिपटी लता हूं मैं, मेरे आलिंगन से वो खिल उठता है
सम्पूर्ण है मुझसे तन मन और जीवन उसका,
मैं खुद जलती तपित धूप में हूं, उसका आवरण बन जाती हूं
आंगन की तपती धूप हूं मैं............

# साथिया साथ ना छूटे

साथिया साथ ना छूटे, कभी घर-बार ना छूटे
जो ये माला के मोती, कभी ये मोती ना बिखरे, टूटे
साथिया साथ ना छूटे...........

तेरी ही बनकर रहूं, तेरे दिल में बसु सदा
ना कभी ये लागी छूटे, ना कभी जोड़ा बिछड़े
साथिया साथ ना छूटे..........

जन्मों की प्रीत तुझही से, प्रीत की रीत तुझही से
मरकर भी ना हम तुम बिछड़े, ना कभी जोड़ा बिछड़े
साथिया साथ ना छूटे..........

बिन तेरे मैं जीऊंगी कैसे, मेरे सारे सपने है तुझसे
मेरे सब अरमां तुझसे, मेरी है प्रीत तुझसे
साथिया साथ ना छूटे..........

चुंदड़ी कभी ना छूटे, काजल कभी ना छूटे
ये कजरा महकता रहे सदा ही, ये चूड़ी कभी ना टूटे
साथिया साथ ना छूटे..........

ये सावन तुझ बिन सूना, दिवाली तुझ बिन फीकी
होली के रंग है बेरंग, सारी महफिलें है सूनी
साथिया साथ ना छूटे..........

# कृष्णा

मन भी राधे, तन भी राधे, वाणी के हर तान में राधे
सुबह की हर भोर में राधेय, रात्रि के प्रकाश में राधे
मन भी राधे, तन भी राधे.......

सागर की लहरों में राधे, नदियों की धारा में राधे
झरनों की कल-कल में राधे, बारिश की बूंदों में राधे
मन भी राधे, तन भी राधे.......

सूरज की हर किरण में राधे, संध्या की छांव में राधे
हवाओं के झोखों में राधे, माटी के कण-कण में राधे
मन भी राधे, तन भी राधे.......

कोयल की कुहू में राधे पपीहे की पीहू में राधे
सुर की हर सरगम में राधे, धरा से अंबर तक है राधे
मन भी राधे, तन भी राधे.......

हर जड़ और जीव में है प्रभु वास तेरा
ब्रज की कुंज गलियों में निवास तेरा
बिन तेरे ग्वालिन है तन्हा
मेरे रोम-रोम में है प्रभु नाम तेरा
मन भी राधे, तन भी राधे.......

सांस-सांस में नाम लिखा है बस तेरा,
जीवन के अंतिम क्षण तक है साथ तेरा
तेरे बिन ये जीवन है मृत्यु के जैसा
मेरी जिव्हा पर है बस नाम तेरा
मन भी राधे, तन भी राधे.......

# चल ज़िंदगी

ऐ ज़िंदगी चल आज थोड़ा सुकून पाते हैं
उदासियों की चादर को हटा कर, उमंगों को गले लगाते हैं
ऐ ज़िंदगी चल आज थोड़ा सुकून पाते हैं...... .................

सभी गिले शिकवे मिटाकर आज अपनो को गले लगाते हैं
ऐ ज़िंदगी चल आज थोड़ा सुकून पाते हैं...............

आज माना उम्र की दहलीज़ पर खड़े हैं हम
तो क्या हुआ आज पंखों की उड़ान भरते हैं हम
ऐ ज़िंदगी चल आज थोड़ा सुकून पाते हैं........

ना सोचे क्या मिला है, किसी की मुस्कान का एक फूल खिलाते हैं
ऐ ज़िंदगी चल आज थोड़ा सुकून पाते हैं........

आज समझदारी की बातें छोड़कर नादानियों को कर आते हैं
ऐ ज़िंदगी चल आज थोड़ा सुकून पाते हैं........

आज फिर से बचपन को जिंदाकर चल बारिश में भीगकर आते हैं
ऐ ज़िंदगी चल आज थोड़ा सुकून पाते हैं......

मन की उदासियों को छोड़कर कुछ अल्हड़पन कर आते हैं
ऐ ज़िंदगी चल आज थोड़ा सुकून पाते हैं....

चल आज चांद को छूकर के एक गीत प्रेम का गुनगुनाते हैं
ऐ ज़िंदगी चल आज थोड़ा सुकून पाते हैं...
टिमटिमाते तारों को देखकर दिल में उम्मीद का दिया हम जलाते हैं
ऐ ज़िंदगी चल आज थोड़ा सुकून पाते हैं..
ऐ ज़िंदगी चल आज थोड़ी खुशियां बांटकर आते हैं, है ज़रूरत किसी को तो कुछ अपने हिस्सें में से कुछ हिस्सा दे आते हैं
ऐ ज़िंदगी चल आज थोड़ा सुकून पाते हैं............

# ऐ मेरे डाल के पंछी

ऐ मेरे डाल के पंछी शाम ढले है घर आ जा
तेरा रास्ता देखूं मैं,
ऐ मेरे डाल के पंछी..............

क्यों रूठ गया है तू, क्यों बिछड़ गया है मुझसे
तेरे बिन मैं अधूरी हूं, क्यों छोड़ गया मुझको
तेरा रास्ता निहारूं मैं, तू घर अपने वापस आ जा
ऐ मेरे डाल के पंछी............

तेरी याद सताती हैं मुझे बड़ा रुलाती है
जीने भी नहीं देती है, हर पल तड़पाती है
बस नैनों में आंसू है और इंतज़ार तेरा है
ऐ मेरे डाल के पंछी............

जब दाने लाती हूं, चंद तेरे लिए रख देती हूं
जाने तू कैसा है किस हाल में रहता है?
तुझे भूख लगी होगी और प्यास बहुत होगी
मैं इंतज़ार करूं तेरा, तू लौट के वापस घर आ जा
ऐ मेरे डाल के पंछी.............

तुझे कोयल भी याद करे है, पीहु भी प्यार करे है
सब तेरे बिन सूने, सब मिलने की फरियाद करे है
सब रास्ता निहारे है, तू लौटकर घर आ जा
ऐ मेरे डाल के पंछी.....

# बहुत कुछ बदल गया

बहुत कुछ बदल गया, बहुत कुछ बदलना अभी बाकी है
ज़िंदगी के रंगहीन पन्नों में अभी रंग बिखेरने बाकी है
बहुत कुछ बदल गया, बहुत कुछ बदलना अभी बाकी है
जो अपनों से बिछड़े थे कभी, उनसे मिलना अभी बाकी है
हसरतें जो दिल की रह गई हैं अधूरी उन्हें पूरा करना बाकी है
बहुत कुछ बदल गया, बहुत कुछ बदलना अभी बाकी है.......

दुख की काली रात है बीती, सुख के दिन मिलने अब बाकी है
बुझते हुए दीपक से एक दीप जलाना बाकी है
बहुत कुछ बदल गया, बहुत कुछ बदलना अभी बाकी है .......

बहुत कुछ बिगड़ गया है उसे सुधारना अभी बाकी है
घायल हुए जीवन में मरहम लगाना बाकी है
बहुत कुछ बदल गया, बहुत कुछ बदलना अभी बाकी है .......

दुःख से भरे नैनों में सुख के आसूं देना अभी बाकी है
जीवन की तपती धूप में सांझ की छांव देना बाकी है
बहुत कुछ बदल गया, बहुत कुछ बदलना अभी बाकी है .......

अंधेरे जीवन में उम्मीद की एक किरण जलाना बाकी है
मायूस चेहरों पर मुस्कान का एक फूल खिलाना बाकी है
बहुत कुछ बदल गया, बहुत कुछ बदलना अभी बाकी है .......

# कुदरत

आंख मिचौली खेले कुदरत, नित नए रंग दिखाती है
कभी धूप की चुंदर ओढ़े, कभी सांझ में ढल जाती है
आंख मिचौली खेले कुदरत...........

कभी बारिश की बूंदे लेकर छम-छम करती आती है
कभी तूफानी मौसम लाकर ज़िद्दी सी अड़ जाती है
नित नए रंग दिखा कर, फिर सांझ में ढल जाती है
आंख मिचौली खेले कुदरत, नित नए रंग दिखाती है ........

कभी फूलों सी खिलती है कुदरत, कभी पतझड़ सी हो जाती है
नित नए रंग दिखा कर, फिर सांझ में ढल जाती है
आंख मिचौली खेले कुदरत, नित नए रंग दिखाती है .....

कभी नीले अंबर को तारों की चुनरी उड़ाती है
कभी धरती को दुल्हन सी सुन्दर सजाती है
नित नए रंग दिखा कर, फिर सांझ में ढल जाती है
आंख मिचौली खेले कुदरत, नित नए रंग दिखाती है .....

कभी स्वेत बर्फ की चादर ओढ़े शांति सी फैराती है
कभी अंधेरे में डूबी सबको सपनों की दुनिया में ले जाती है
नित नए रंग दिखा कर, फिर सांझ में ढल जाती है
आंख मिचौली खेले कुदरत, नित नए रंग दिखाती है.....

अनंत खजाना खुद में समेटे कभी दवा बन जाती है
कभी किसी को जीवन देती हैं, कभी मृत्यु का कारण बन जाती है
नित नए रंग दिखा कर, फिर सांझ में ढल जाती है
आंख मिचौली खेले कुदरत, नित नए रंग दिखाती है .....

पूरा जीवन साथ है चलती, फिर सबको खुद में समा लेती है
नित नए रंग दिखा कर, फिर सांझ में ढल जाती है
आंख मिचौली खेले कुदरत, नित नए रंग दिखाती है .....

# कृष्णा

तेरे रंग में रंगी हूं मोहन, ना साथ छोड़ना मेरा
मेरा साया बनकर तुम चलना, हाथ थामना मेरा
तेरे रंग में रंगी हूं मोहन........

जग के झूठे बंधन में अब हमको नहीं है बंधना
तेरी बाह पकड़कर के अब हमको है चलना
कृष्णा तेरी प्रेम दीवानी, मुझे साथ तेरे है रहना
तेरे रंग में रंगी हूं मोहन........

मेरी सांसों में तुम बसे हो मोहन, मेरे ह्रदय में तुम हो
ये जीवन अब तुमको अर्पण बाकी सब है मोह
तेरे रंग में रंगी हूं मोहन........

ये तन मन अब वारा है तुमको, तुम्हीं हो मेरे प्राण
तुम बिन ये रंगहीन है जीवन, है दुनिया अनजान
तेरे रंग में रंगी हूं मोहन.......

हर रोम रोम पर तेरा नाम लिखा है कान्हा
जीवन के हर पल पर तेरा ही नाम लिखा है कान्हा
सांसे वारी है तुझ पर, ये जीवन तुझपर वारा
ना खुद से जुदा तुम करना, तुम हो एक सहारा
तेरे रंग में रंगी हूं मोहन.......

हर सुर की तुम सरगम कृष्ण, हर धड़कन पर तेरा नाम
बंजारन सी फिरती हूं दर दर, अपनें चरणो में जगह दो श्याम
तेरे रंग में रंगी हूं मोहन.......

# कृष्णा

हे गिरधर, तेरे कई रूप, तेरे कई नाम हैं, सृष्टि के कण-कण में तेरा वास है
तू ही आदि, तू ही अंत, तू सर्व व्याप है, तू ही सृष्टि का आधार है
हे गिरधर, तेरे कई रूप, तेरे कई नाम है..........

तू ही जन्म, तू ही मृत्यु, तू ही जीवन का दूसरा नाम है
राधे तेरे चरणों में हरिधाम है
हे गिरधर, तेरे कई रूप, तेरे कई नाम हैं..........

रज-रज में तू है बसा, कण-कण में तेरा वास है
राधे तेरे चरणों में हरिधाम है
हे गिरधर, तेरे कई रूप, तेरे कई नाम है..........

तू ही सर्व व्यापक, तू ही अनंत, तू ही अनंग है
जीवन के हर पल तेरे आधीन है,
राधे तेरे चरणों में हरिधाम है
हे गिरधर, तेरे कई रूप, तेरे कई नाम है.........

धरा भी तू और अंबर भी तू, तूही जीवन का प्रकाश है
सृष्टि का रचनाकार हैं तू, तेरे चरणो में चारों धाम हैं
हे गिरधर, तेरे कई रूप, तेरे कई नाम हैं.........

मुक्ति भी तू और भक्ति भी तू, सृष्टि का कर्ता है तू
सब कुछ झूठा है जग में, सच्चा तेरा नाम है
राधे तेरे चरणों में हरिधाम है
हे गिरधर, तेरे कई रूप, तेरे कई नाम है.........

# ऐ ज़िंदगी

ज़िंदगी देने वाले बता, क्यूं ज़िंदगी गम का नाम है?
क्यूं छाई आंखो में बेबसी, क्यूं दुनिया इतनी परेशान है?
ज़िंदगी देने वाले बता......

क्यूं छा रहा है घना अंधेरा, क्यूं अंधेरे में डूबा इंसान है?
उम्मीद की किरण दूर तक नहीं, क्यूं किस्मत के आगे लाचार है
ज़िंदगी देने वाले बता......

कोख में है पाला जिसे, आंचल की अमृतधार से सींचा जिसे
क्यूं आज ममता शर्मसार है? क्यूं बुढ़ापा वीरान है?
ज़िंदगी देने वाले बता......

किसी को इतना वैभव दिया, और दामन खुशियों से भर दिया
और क्यूं किसी को लाचार कर दामन कांटों से ज़ख़्मी किया?
ज़िंदगी देने वाले बता......

चारों तरफ छाई बेबसी, भाई-भाई से है लड़ रहा
चंद रूपये के लिए हर रिश्तों से दरकिनारा है कर रहा
छाई कैसी है बदनसीबी, इंसान इंसान को ज़ख़्म दे रहा
ज़िंदगी देने वाले बता......

इंसान की कितनी सुंदर रचना करी, फिर क्यूं कुछ अधूरी छोड़ दी??
क्यूं बनाई अधूरी प्रतिमा, फिर क्यूं उन्हें ये नर तन दिया
ज़िंदगी देने वाले बता......

सुंदर संसार रचा, उसमें अपनो का साथ दिया
कुछ जन क्यूं अकेले रह गए, अपनो के लिए तरसते रह गए
ज़िंदगी देने वाले बता......

औरत को मंदिर की देवी कहा, जगतजननी का ओहदा दिया
फिर क्यूं उसके तन को कांटो से ज़ख़्मी किया?
ज़िंदगी देने वाले बता......

ज़िंदगी देने वाले बता, जीवन मरण का चक्र तूने रचा
सब कुछ अपने हाथों रखा, फिर क्यूं सबके खाते में दुख है दिया
ज़िंदगी देने वाले बता......

बताता हूं तुझको मैं सब, ना तू यूं मायूस हो
जीवन मरण का चक्र मैंने रचा, माना सब कुछ अपने हाथों रखा
कर्मों का ही सबको फल दिया, नहीं इससे अलग कुछ मैंने किया
ये संसार कर्मक्षेत्र है अपने कर्मो का लेखा-जोखा यहां
अपने कर्मो की गठरी ढोनी सभी को, अपने कर्मों का फल है यहां
ज़िंदगी धूप छांव है, फूल और कांटे यहां
थोड़ी गम, थोड़ी खुशियों यहां, हर किसी को कुछ ना कुछ दिया
ज़िंदगी देने वाले बता......

# जो हम होते एक किताब

जो हम होते एक किताब, पढ़ लेते तुम मन की हर बात
मौन ही तब शस्त्र होता, जब होते हम एक खुली किताब
जब हम होते एक किताब.........

हर पन्नों पर लिखते हम दस्ता अपने भावों की
कोई लम्हा धुंधला ना होता, जब होते हम एक खुली किताब
जब हम होते एक किताब.......

मन की बातें तुम पढ़ लेते, बिना कहे तुम सब समझ लेते
कोई गम दिल में ना रहता, जब होते हम एक खुली किताब
जब हम होते एक किताब.....

हर दर्द मेरा ना मेरा होता, तन्हा अकेला मन नहीं होता
हर दर्द की दवा तुम होते, जब होते हम एक खुली किताब
जब हम होते एक किताब........

अंधेरी रातों में जब मैं डरता, दीप बनकर तू ही जलता
मिटा देता सब अंधकार, जब हम होते एक खुली किताब
जब हम होते एक किताब.........

सूरज की गर्मी जब हमे जलती, हवा का झोंका बनकर तू आती
सुकून-ए-दिल तू बन जाती, जब हम होते एक खुली किताब
जब हम होते एक किताब.........

जब थकान भी चुटकियां लेने लगे, निराशा मन में पहरा देने लगे
आशा बनकर आते जीवन में तुम, अगर हम होते एक खुली किताब
जब हम होते एक किताब.....

# आ अब लौट चलें

आ अब लौट आ नदियां के पार साजन
क्यूं चला गया पूर्व से पश्चिम मेरे साजन
आ अब लौट आ नदियां के पार साजन................

भीगी-भीगी आंखों में तेरे सपने हैं
सूनी-सूनी रातें तेरे बिना अधूरी हैं
क्यों तू गया है मुझे छोड़ कर साजन
आ अब लौट आ नदियां के पार साजन................

हसीन राते जब तेरी याद में गुनगुनाएं
उस पार से हवाये तुमसे मिलकर इतराये
मैं तेरा इंतज़ार करूं ओ मेरे साजन
आ अब लौट आ नदियां के पार साजन............

ठंडी-ठंडी रातों मे, ओस की बूंदों में
धुंध के आगोश में, पुरवाई हवाओं में
बिन तेरे जलता है तन-मन मेरा साजन
आ अब लौट आ नदियां के पार साजन...........

बिन तेरे पनघट सूना, सूना वसंत का मौसम है
सूना मन का द्वारा है, सूनी मन की नगरी है
उस पार से इस पार लौट आ मेरे साजन
आ अब लौट आ नदियां के पार साजन..........

पुकारे ये नदियां, पुकारे ये सावन
पुकारे है धड़कन, पुकारे है मेरा मन
आ अब लौट आ नदियां के पार साजन......

# कृष्णा

कोमल-कोमल कृष्ण मुरारी, कहां गई तेरी मुरली प्यारी
बांसुरी की धुन पर नाचे थी गोपी, कहां गई तेरी राधा न्यारी
कोमल-कोमल कृष्ण मुरारी.......................

ब्रज का अगना तुमने छोड़ा, छोड़ दी तान-बान ओ मोहन
कोमल हाथों से कंस को मारा, छोड़ दिया घर और द्वारा
क्यों छोड़ दी तुमने मुरली मोहन, क्यों छोड़ दिया बृज का आंगन
कोमल-कोमल कृष्ण मुरारी.......................

मोरपंख तुम्हरा कहां गया है? क्यों धरा है मुकुट सोने का?
क्यों छोड़ी मुरली की हर धुन तुमने? बस गीता का पाठ पढ़ाया
क्यों छोड़ा दिया अल्हड़ बचपन तुमने, सत्ता को है धारण किया
कोमल-कोमल कृष्ण मुरारी.......................

कहां गया तुम्हरा सुंदर बचपन, क्यों महाभारत का युद्ध रचा
क्यों छोड़ के मुरली कोमल हाथों ने धरा सुदर्शन चक्र कृष्णा
बने सारथी अर्जुन के रथ के, फिर क्यों भील के हाथों मौत चुनी
कोमल-कोमल कृष्ण मुरारी................

# ज़िंदगी का क्या भरोसा

ज़िंदगी का क्या भरोसा थम जाए चलते-चलते
डोरी ये जीवन की कब कट जाए चलते-चलते
ज़िंदगी का क्या भरोसा.....

ये बचपन भी ना रहेगा, ये जवानी भी ना रहेगी
ये सांसों की डोरी है थम जाएं चलते-चलते
ज़िंदगी का क्या भरोसा........

कली भी कली नहीं रहेगी, फूलों से खुशबू भी ना रहेगी
पतंग सी उड़ती ज़िंदगी की डोरी, कब कट जाए उड़ते-उड़ते
ज़िंदगी का क्या भरोसा........

सूरज भी अस्त होगा, निशा का भी डेरा होगा
सफलता के चलते-चलते निराशा भी मिलेगी
करनी तेरे कर्मो की संग साथ तेरे चलेगी
ये जो जीवन की ज्योति कब बुझ जाए जलते-जलते
ज़िंदगी का क्या भरोसा थम जाए चलते-चलते...........

# मज़बूत इरादे

हिम्मत दृढ़, विश्वास अधिक है, कुछ करने का जुनून बहुत है
हार अधिक और जीत है मुश्किल, फिर भी दिल में जोश बहुत है
राह में कांटें बहुत और पथरीले है रास्ते फिर भी दिल में डर नहीं है
क्यूंकि, हिम्मत दृढ़, विश्वास अधिक है, कुछ करने का जुनून बहुत है..........

कश्ती फसीं हैं बीच भवर में, फिर भी हिम्मत की कमी नहीं है
विश्वास है खुद पर और उस रब पर, क्यूंकि दिल में जज़्बा बहुत है
क्यूंकि, हिम्मत दृढ़, विश्वास अधिक है, कुछ करने का जुनून बहुत है..........

छाया है घना अंधेरा, दूर तक भी उजाला नहीं है
विश्वास है खुद पर और उस रब पर, क्यूंकि उम्मीद की एक किरण बची है
क्यूंकि, हिम्मत दृढ़, विश्वास अधिक है, कुछ करने का जुनून बहुत है..........

माना ठोकर मिली है हर रास्ते पर, पर फिर गिरकर संभालेंगे
क्यूंकि जोश अधिक है, जुनून बहुत है, फिर संभलने का हुनर बहुत है
क्यूंकि, हिम्मत दृढ़, विश्वास अधिक है, कुछ करने का जुनून बहुत है..........

हार नहीं हम मानेंगे, अपने रास्ते स्वयं बनाएंगे
मुश्किल चाहे लाख आएं, डर से हम नहीं डर जायेंगे
चट्टान से भी है मज़बूत इरादे, विजय की पताका हम फहरायेंगे
क्यूंकि, हिम्मत दृढ़, विश्वास अधिक है, कुछ करने का जुनून बहुत है..........

# नारी शक्ति

क्या कभी तुमने पढ़ा है नारी के मन को, वो कितनी सशक्त कहलाती है
जननी वो, शक्ति है, आधार है जीवन का, फिर भी अबला कहलाती है
क्या कभी तुमने पढ़ा है नारी के मन को........................

कृष्णा ने उसे सुंदर तन दिया, अद्भुद उसको रूप दिया
पर उसके ही क्यों चरित्र का हनन हुआ, भरे बाज़ार लगी बोली
सुन्दर तन कलुषित हुआ, मानो उसका सब कुछ लुट गया
क्या बीती उसके तन मन पर है, क्या कभी किसी ने सोचा है
बस उपभोग की वस्तु है यही पुरुषों ने सोचा है
क्या कभी पढ़ा है पुरुषों ने नारी के मन को है
वो उपभोग की वस्तु नहीं, ममता की मूर्ति है
वो शक्ति है जननी है, तेरे जीवन का कारण वो, फिर भी इतनी अबला क्यों
क्या कभी तुमने पढ़ा है नारी के मन को........................

मन की गांठे खोलकर देखा, नारी में कितना है सैलाब भरा
ना जाने कितने तूफानों से टकराती वो, कितने पत्थरों से भीड़ जाती वो
धारा बन बन वो बहती है, तेरे आगोश में सिमट जाती वो
उससे ही तेरा जीवन सुन्दर है, उसके ही है वजूद तेरा
फिर क्यों उसके कोमल मन पर प्रहार करें, फिर क्यों रूह का हनन करें
पढ़ कर देख नारी के मन को, प्रेम करुणा का रूप है वो
तेरे लिए अर्पण कर दे सब, त्याग समर्पण का रूप है वो
वो शक्ति है जननी है, तेरे जीवन का कारण वो, फिर भी इतनी अबला क्यों
क्या कभी तुमने पढ़ा है नारी के मन को........................

जनक, भ्राता मित्र तू ही, फिर क्यों ना पढ़ा उसके मन को है
समर्पित वो एक पत्नी है फिर क्यों ना समझा उसके मन को है
ऐ पिता छाया है तेरी, साया है तू उसका, फिर क्यों पुत्र को आगे जाना है
एक मित्र हैं वो तेरे जीवन की, फिर क्यों ना उसके मन को पढ़ा गया
क्या कभी तुमने पढ़ा है नारी के मन को........................

# ऐ ज़िंदगी

ऐ ज़िंदगी इतना क्यूं सता रही है
देकर हज़ारों गम क्यूं तू मुस्कुरा रही है
ऐ ज़िंदगी इतना क्यू सता रही है.......

चंद ख़्वाब देखे थे हमने,
छीन के हमारे ख़्वाब क्यूं तू मुस्कुरा रही है
ऐ ज़िंदगी इतना क्यू सता रही है.......

खुशियों का एक लम्हा मिला था,
देकर अनेकों गम क्यूं तू मुस्कुरा रही है
ऐ ज़िंदगी इतना क्यूं सता रही है.......

हमने तो बस साथ चाहा था तेरा,
छोड़कर साथ मेरा क्यूं तू मुस्कुरा रही है
ऐ ज़िंदगी इतना क्यूं सता रही है.......

हाल-ए-दिल बयां करूं मैं कैसे
दर्द-ए-दिल बनकर तू इतना क्यू मुस्कुरा रही है
ऐ ज़िंदगी इतना क्यूं सता रही है.......

उम्र भर के ज़ख़्म जो मिले हैं तुझसे
उन घावों को दुखाकर इतना क्यूं तू मुस्कुरा रही है
ऐ ज़िंदगी इतना क्यूं सता रही है.......

सतरंगी रंगों से रंगे थे जीवन के पन्ने
रंगहीन कर मेरे जीवन को क्यूं तू मुस्कुरा रही है
ऐ ज़िंदगी इतना क्यूं सता रही है.......

ऊंची उड़ान भरते थे हम तुम
अर्थहीन कर मेरे जीवन को क्यूं तू मुस्कुरा रही है
ऐ ज़िंदगी इतना क्यूं सता रही है.......

ऐ ज़िंदगी तेरी दुनिया में हम फिर ना आएंगे
अब हम टूटकर बिखर गए हैं, फिर भी तू इतना क्यूं मुस्कुरा रही है
ऐ ज़िंदगी इतना क्यूं सता रही है.......

# उम्मीद की डोर

उम्मीद की डोर से बंधी है ज़िंदगी
आज है कल नहीं, यही है ज़िंदगी
माना आज गम के अंधेरे में डूबी है ज़िंदगी
पर फिर गम के बादल छटेंगे, ना छोड़ उम्मीद तू
क्योंकि आज है कल नहीं, यही है ज़िंदगी
उम्मीद की डोर से बंधी है ज़िंदगी........

माना आज हताश-निराश है ये ज़िंदगी
पर फिर आशा के दीप जलेंगे,
ना छोड़ उम्मीद तू, क्यूंकि आंख मिचौली खेलती है ये ज़िंदगी ....

उम्मीद की डोर से बंधी है ज़िंदगी........

माना आज धूप की तपिश में झुलसी है ज़िंदगी
मगर सांझ की चुंदड़ी ओढ़े सुकून पायेगी ज़िंदगी
ना छोड़ उम्मीद तू, क्यूंकि नित रोज नए रंग दिखाती है ये ज़िंदगी
उम्मीद की डोर से बंधी है ज़िंदगी........

माना आज तूफानों में फंसी है ये ज़िंदगी
पर फिर कश्ती उस पार आयेगी
ना छोड़ उम्मीद तू, क्योंकि ठहरता नहीं ये वक्त कभी भी
उम्मीद की डोर से बंधी है ज़िंदगी........

माना आज कांटों में उलझी है ज़िंदगी
मगर फिर फूलों सी महकेगी ये ज़िंदगी
ना छोड़ उम्मीद तू, क्यूंकि जीवन चक्रव्यूह में फंसी है ये ज़िंदगी
उम्मीद की डोर से बंधी है ज़िंदगी........

माना आज कोरे कागज़ सी है ज़िंदगी
मगर फ़िर सतरंगी रंगों में रंग जायेगी ज़िंदगी
ना छोड़ उम्मीद तू, क्यूंकि विभिन्न-विभिन्न रंगो में रंगी है ये ज़िंदगी
उम्मीद की डोर से बंधी है ज़िंदगी........

# वक्त

वक्त दिखता नहीं, दिखाता अधिक है, जब पलटे जीवन के पन्ने देखा, सिखाता अधिक है
वक्त दिखता नहीं, दिखाता अधिक है.........

रोक सका ना समय को कोई, बंद कर ना सका मुट्ठी में कोई
बहता ही जाता है ना रुकता कभी, सतरंगी रंगों में रंग जाता यही
वक्त दिखता नहीं, दिखाता अधिक है.......

घमंड करना ना तुम कभी, राजा से रंक बनाता यही है
जीती हुई बाज़ी को हराता यही, हंसाता यही रुलाता यही है
वक्त दिखता नहीं, दिखाता अधिक है.......

वक्त की मार पड़े जब किसी पर, जीवन क्षण में बदल जाता है
हारा हुआ जुआरी सा वो, रोता बिलकता रह जाता है
हर समर्थ धारा रह जाता है, लाचारी जीवन बन जाता है
वक्त दिखता नहीं, दिखाता अधिक है.......

कृष्णा कहते हैं सबसे, मैने सबको वक्त दिया सीमित है
हर पल को अनमोल बना लें, जीवन को उत्तम कर्मों में लगा ले
बुरा समय तेरा बदल जायेगा, जीवन तेरा उज्वल हो जायेगा
क्यूंकि ना थमा है वक्त किसी के लिए, ना थमी है वक्त की धारा कभी
वक्त दिखता नहीं, दिखाता अधिक है.......

# आगे बढ़ना है

तन -मन की पीड़ा को बिसराकर हमे आगे है बढ़ना
हर मुश्किल से लड़कर हमे, उस पार उतरना है
तन-मन की पीड़ा को बिसराकर ...........

ये जीवन मुश्किल बड़ा, संकटों से घिरा है
संकटों से उभरकर के हमे आगे है बढ़ना
तन की पीड़ा को बिसराकर .......

ना उलझ जीवन के सफर में, सफ़र मुश्किल बड़ा है
राह में कांटें अनेकों, ना उलझा खुद को उनमें
पार कर हर मुश्किल को, अपनी मंज़िल है बनाना
तन-मन की पीड़ा को बिसराकर हमे आगे है बढ़ना
बादलों को चीरकर, हवाओं का रुख मोड़ कर
हिलाकर हर चट्टान को, नया रास्ता बनाना है
हारी हुई बाज़ी में भी फिर जीत का जश्न मनाना है
तन-मन की पीड़ा को बिसराकर हमे आगे है बढ़ना

# ऐ ज़िंदगी

ज़िंदगी तू बता इतने दुख क्यों देती है?
क्यों मेरे दामन को तू कांटों से छलनी करती है?
ऐ ज़िंदगी! ज़रा ठहर, मुझे तू संभलने दे ज़रा,
खुशियां क्या होती हैं, उनसे मुझे भी मिलने दे
धूप से तपता जो तन है, उसे छांव की चुंदड़ी ओढ़ने दे
मिले जो ज़ख़्म वक्त से है, उन्हें तू समय के साथ भरने दे
ज़िंदगी तू बता, इतने इम्तिहान क्यों लेती है??
क्यों पग-पग पर कड़ी परीक्षा लेकर जीवन से रुसवा करती है?
ज़रा थम ऐ ज़िंदगी, मुझे भी तू थोड़ा सकून दे उधार
थक चुका है मन जो, उम्मीद की किरण तू दे ज़रा
अकेली हूं हर परीक्षा में मैं, किसी का साथ तू दे मुझे
ज़िंदगी तू बता, तू इतनी उलझी हुई है क्यों??
कब क्या होगा किसी को नहीं है पता?
क्यों नचाती है सभी को अपनी ही उंगलियों पर सदा?
तेरी मार पड़े तो ज़िंदगी भी है एक सज़ा
जरा थम ऐ ज़िंदगी, उलझनों में जो उलझा है मन, उसे तू उम्मीद दे
ये ज़िंदगी दी है तेरी, इन उलझनों से तूही निकाल दे
ठहरा हुआ है जो वक्त मेरी, उसे तू दे दिशा
थाम के हाथ मेरा, ज़िंदगी के भवर से निकाल दे
इन्सान ही तो हूं मैं, इतना दिल ना दुखा, इतना दिल ना दुखा.........

# दास्तां पुरानी हो गई है

दास्तां पुरानी हो गई है, फना अपनी कहानी हो गई है
जो कल तक थे एक धड़कन, कहानी अपनी अनजानी हो गई है
दास्तां पुरानी हो गई है............

चांद के अक्स पर हम मिले थे, साथ जीने मरने के वादे किए थे
वक्त की रेत ने बदली है करवट, अब कहानी अपनी अनजानी हो गई है
दास्तां पुरानी हो गई है .......

बातों के सिलसिले रुकते नहीं थे, दो जिस्म एक जान थे हम
अब दो अजनबी बन गए है, कहानी अपनी अनजानी हो गई है
दास्तां पुरानी हो गई है .......

एक पल बिन तेरे जीना था मुश्किल, आज राहें अनजानी हो गई
वक्त की धार में बह गए हम, कहानी हमारी अनजानी हो गई है
दास्तां पुरानी हो गई है .......

साथ चलते थे हर कदम पर, मंज़िल अपनी थी एक ही
अब बन गए हे हम अजनबी, कहानी अपनी अनजानी हो गई है
दास्तां पुरानी हो गई है .......

# रात की रोशनी में देखा तुम्हें

रात की रोशनी में देखा तुम्हें, लगा चांद ही धरती पर आ गया
जब-जब तेरे धरती पर पड़े हैं कदम, हुस्न भी है मानो शरमा गया
रात की रोशनी में देखा तुम्हें ...........................

तू है जलती शम्मा, तेरे परवाने हैं बहुत, तुझे देख चांद भी शरमा गया
इठलाती हुई, शर्माती हुई तेरे रूप में चांद का अक्स आ गया
रात की रोशनी में देखा तुम्हें...............

तेरे रूप का दीदार जब हमने किया, लगा चांद का दीदार हमने किया
तू खिलती कली, फूलों सी तेरी हसी, मेरा दिल तुझ पर आ गया
रात की रोशनी में देखा तुम्हें...............

तेरी एक झलक के लिए दीवाने हैं हम, दिल पर तेरा ही नशा छा गया
तू चंचल सी कोमल नाज़ुक कली तुझे देख चांद भी शरमा गया
रात की रोशनी में देखा तुम्हें...............

# घना साया हूं मैं

घना साया हूं मैं, धूप में भी छाया हूं मैं
बादलों को चीर दें वो इरादा हूँ मैं
घना साया हूं मैं, धूप में भी छाया हूं मैं
सागर की लहरें हूं मैं,
अंधेरे को मिटा दें वो प्रकाश हूं मैं
फौलादी ताकत हूं मैं,
बादलों को चीर दे वो इरादा हूं मैं
घना साया हूं मैं, धूप में भी छाया हूं मैं
उग्र हूं मैं, सूरज सा तेज हूं मैं
अग्नि में तप जाऊं वो कुंदन हूं मैं
घना साया हूं मैं, धूप में भी छाया हूं मैं
इरादे हैं फौलादी, हौसले मज़बूत हैं
तूफानों से टकरा जाऊं
वो मज़बूत ढाल हूं मैं
घना साया हूं मैं, धूप में भी छाया हूं मैं
शिकस्त दे ना सके कोई मुझे,
कोई सुनामी हिला ना सके
घिस-घिस कर निखर जाऊं वो चन्दन हूं मैं
घना साया हूं मैं, धूप में भी छाया हूं मैं
परिवार की नींव हूं मैं, ढाल हूं मैं
माली हूं बगिया का, बरगद की छाया हूं मैं
घना साया हूं मैं, धूप में भी छाया हूं मैं
चौड़ी छाती मेरी, मज़बूत कंधे हैं मेरे
डर भी डरा ना सके वो इरादा हूं मैं
घना साया हूं मैं, धूप में भी छाया हूं मैं

# मां

मां के चरणों से बड़ा ना कोई तीर्थ यहां
मां के चरणों में ही ब्रज धाम है
मां के चरणों में ही पूरा संसार है
मां के चरणों से बड़ा ना कोई तीर्थ यहां.......................

ईश्वर का रूप उसमें बसा, ईश्वर की वो पहचान है
जिसके साए में हम महफ़ूज़ हैं, जिसके चरणों में पूरा संसार है
मां के चरणों से बड़ा ना कोई तीर्थ यहां.......................

क्या काशी, क्या गंगोत्री, मां के चरणों में सारे धाम हैं
ममता का रूप वो ईश्वर का वरदान है,
मां के चरणों में पूरा संसार है
मां के चरणों से बड़ा ना कोई तीर्थ यहां...........

कितने भी जन्म ले ना क़र्ज़ उतरेगा उसका कभी
ना उससे बड़ा जग में किसी का स्थान है
मां के चरणों में पूरा संसार है
मां के चरणों से बड़ा ना कोई तीर्थ यहां...........

अनमोल खजाना है ईश्वर का मां
उसके बिना अधूरा ये संसार है
मां के चरणों में पूरा संसार है
मां के चरणों से बड़ा ना कोई तीर्थ यहां........

# रोशनी की तरफ बढ़ते हैं कदम

रोशनी की तरफ बढ़ते कदम
करते हैं अंधकार को ये खत्म
रोशनी की तरफ बढ़ते कदम...............

हर बुराई को खुद में से मिटा देंगे हम
नेकी के रास्ते पर चल जायेंगे हम
ना बैर होगा मन में किसी से कभी
दूर होंगे जीवन के अंधेरे सभी
रोशनी की तरफ बढ़ते कदम...............

ये तन माटी का हमको मिला है
फिर माटी में मिल जायेगा कभी
ना गुरूर करना है हमको कभी
दूर करने हैं जीवन के अंधेरे सभी
रोशनी की तरफ बढ़ते कदम..............

ज़िंदगी के सफर में मुश्किलें हज़ारों बड़ी
फूलों संग कांटों की पंक्ति है लगी
दुःख-सुख घनी छांव है ज़िंदगी
ना घबरायेंगे मुश्किलों से हम
दूर कर देंगे जीवन के अंधेरे सभी
रोशनी की तरफ बढ़ते कदम..............

इन संसार में क्या खोजते हैं हम
सब तो तेरे भीतर ही मौजूद हैं
कण-कण में ईश्वर का ही वास है
क्यों खोजता है उसको यहां से वहां
मिटा दें अपने भीतर के अंधकार सभी
रोशनी की तरफ बढ़ते कदम.............